KB205647

고난의 기쁨

Stemninger i Lidelsers Strid[01]

Christelige Taler

af

S. KIERKEGAARD

Kjøbenhavn

Forlagt af Universitetsboghandler C.A. Reitzel

Trykt hos Kgl. Hofbogtrykker Bianco Luno

1848

고난의 기쁨

쇠렌 키르케고르 지음
이창우 옮김

카리스
아카데미

고난의 기쁨

2021년 7월 10일 초판 1쇄 발행
2022년 12월 12일 개정판 1쇄 발행

지은이 | 쇠렌 키르케고르
옮긴이 | 이창우

발행인 | 이창우
기획편집 | 이창우
표지 디자인 | 이형민
본문 디자인 | 이창우
교정·교열 | 나원규, 지혜령

펴낸곳 | 도서출판 카리스 아카데미
주소 | 세종시 대평로 56 515동 1902호
전화 | 대표 (044)868-3551
편집부 | 010-4436-1404
팩스 | (044)868-3551
이메일 | truththeway@naver.com

출판등록 | 2019년 12월 31일 제 569-2019-000052호

책값은 뒤표지에 있습니다.

ISBN 979-11-92348-01-8(세트)
ISBN 979-11-92348-12-4

"내가 비유에
내 귀를 기울이고,
수금으로
나의 오묘한 말을 풀리로다."
시편 49:4[02]

Contents

Chapter 1
한 번 고난당하지만
영원히 승리하는 기쁨

Chapter 2
환난이 소망을 빼앗는 것이 아니라
소망을 구해오는 기쁨

Chapter 3
가난할수록 다른 사람을
더 부하게 할 수 있는 기쁨

|일러두기|

- 본문 안에 포함된 성경 구절은 키르케고르가 인용했던 성경구절이고 미주에 포함된 성경 구절은 연구 자료로 제공한 것이다.
- 번역대본으로는 Søren Kierkegaard, *Christian Discourses*, tr. Howard V. Hong and Edna H. Hong, Princeton: Princeton University Press, 1997 과 *Spiritual Writings*, tr. George Pattison, New York: HarperCollins Publishers, 2010을 번역하면서, 덴마크의 키르케고르 연구소에서 제공하는 덴마크어 원문과 주석을 참고하였다.
- 만연체의 문장을 단문으로 바꾸었고, 분명하지 않은 지시대명사를 구체적으로 표현했고, 독자들의 이해를 돕기 위해 문장을 추가한 곳도 있다. 가능하면 쉬운 어휘를 선택했다는 점을 밝힌다. 중요 단어는 영어와 덴마크어를 병기하여 의미를 명확히 하고자 했다.

2021년 3월 처음으로 키르케고르의 『이방인의 염려』를 출간한 이후로, 국내 최초로 《기독교 강화》 4부 전체 번역 및 출판을 완료하게 되었습니다. 그 이후 『고난의 기쁨』 1쇄가 전부 판매되어 개정판으로 책을 내놓습니다. 개정판은 일부 독자들의 의견을 반영하여 본문을 전부 경어체로 바꾸었으며, 키르케고르의 강화 전체를 《기독교 고전》 시리즈로 만들어 출판하게 되었습니다.

점점 더 어려워지는 기독교 출판 환경에서 키르케고르의 작품을 출판할 수 있도록 기도와 물질로 후원해 주신 모든 분들과 책을 찾고 읽어주신 독자분들께 진심으로 감사드립니다. 키르케고르의 전체 작품 번역과 출판을 완료하는 그 날까지 이 사명을 완수할 수 있도록 계속해서 많은 관심 부탁드립니다.

역자 이창우

이 책을 밀어주신 분들

이 책은 정기 후원자와 크라우드 펀딩 플랫폼 텀블벅의 후원금을 모금하여 제작되었습니다. 출판프로젝트에 동참해주신 여러분들께 진심으로 감사드립니다.

강남훈	김소현	김현균	박장신
강민주	김시엽	김현희	박종하
강주은	김양호	김혜식	박준범
고춘자고	김영관	김효경	박준현
곽수정	김영무	나상국	박하선
구정모	김영이	노경희	성경제
권순화	김영준	마라	성이름
권광운	김용균	문지영	손희정
김대원	김인철	박광현	송하종
김도호	김재연	박규린	신태성
김두현	김지현	박기완	신현관
김미란	김진태	박성욱	에덴
김병순	김철휘	박성주	여환옥

이 책을
예수 그리스도의 십자가로 인해
고난당하는 모든 분들에게 바칩니다.

오지연	이용성	전재은	하선욱
오현	이유운	정진숙	한규남
원이	이주은	정천성	허윤기
유창동	이진숙	정혜윤	황수연
육근원	이춘성	조성배	Davidon
윤관	이한주	조은식	isory
윤성규	이현경	조현태	lilynation
윤윤진진	이형만	차건	도서출판 대장간
윤정태	이혜준	최미영	
이미경	임길수	최민구	
이병윤	임창수	최정성	
이수창	임한식	최지혜	
이승기	전성주	최홍철	

성령을 받은 자들의 심령에 반드시 나타나는 현상이 있습니다. 그것은 하나님 나라를 위해 자원하여 고난받는 자리로 가는 것입니다. 그러나 우리 시대의 기독교는 신자들이 삶에서 겪는 고난을 효과적으로 제거하는 법을 가르치기 시작했습니다. 이것은 하나님 말씀에 역행하는 가르침입니다. 키르케고르는 이 부분에 있어 타협이 없습니다. 그는 방대한 지식과 날카로운 안목으로, 신자의 삶에 존재하는 고난이 어떤 역할을 하며, 왜 그것이 신자의 삶에 계속 실존해야 하는지를 분명하게 밝힙니다. 고난에 대해 말랑말랑한 가르침을 원하는 분들은 함부로 이 책을 읽지 마십시오. 심령에 큰 상처를 받을 가능성이 많습니다. 그러나 성경에서 말하는 고난의 본질을 더 선명하게 배우기 원하는 분들은 용기 내어 이 책을 잡으십시오. 자신의 인생에 놓여 있는 고난의 길을 감사함으로 걸어가기로 결단하게 되실 겁니다.

김관성 목사_낮은담교회 담임목사·『본질이 이긴다』의 저자

이창우 목사님은 지난 '이방인의 염려' 이후 '고난의 기쁨'으로 사명을 갖고 키르케고르의 '기독교 강화 시리즈'를 출간함에 목회의 현장에 있는 목사로서 더 깊은 말씀의 영감을 얻게 되어 기쁘다.

인생은 고난과 함께 동반되는 성숙과 성장이다. 성경도 고난을 받으라

하였다. 그만큼 고난이라는 것을 피하고 싶어도 피할 수 없는 운명인 것이다. 이 고난을 통해 연단과 소망을, 그리고 장차 올 영광이 기다리고 있기 때문이다.

이 책이 주는 해석에서 우리 인생은 시간과 영원이라는 하나님의 창조 아래 있다는 것이다. 삼차원의 인생을 살아가는 우리에게 영원한 세계를 준비하는 이 땅에서의 고난과 역경에 우리는 어떠한 자세가 필요한가? 직면하는 삶의 여정에 그리스도인이 마땅히 가야 하는 그 고난의 동참에 키르케고르를 통해 예수님의 고난을 다시 깊이 묵상하는 도움 받기를 권면하며 추천한다.

육근원 목사_글로벌비전채플 담임목사

드디어 나왔다. 간절히 탐독하고 싶었던 키르케고르의 《고난의 기쁨》이 이창우 선생님의 손길을 통하여 출간되어 가슴 벅차게 기쁘다. 《고난의 기쁨》은 1848년 회심체험 후에 쓴 책이기에, 얼마나 큰 가치를 지니는지 미루어 짐작하고도 남는다. 하이데거는 키르케고르의 많은 철학서적보다 《고난의 기쁨》과 같은 강화집에서 더 많이 키르케고르의 사상을 배웠다고 고백했다. 나는 이 책의 4장에서 '고난은 시간과 영원을 종합한다' 라고 하며 시간과 영원의 주제를 다루는 대목에서, 하이데거의 《존재와 시간》를 쉽고 간결하게 말해 주는 듯한 강렬한 인상을 받았다.

키르케고르는 고난을 제거하지 않는다. 왜냐하면 고난은 우리가 걸어가는 길이기 때문이다. 길을 제거한다는 것은 말이 되지 않는다. 그러면서 고난 가운데 있는 7가지 기쁨을 소개한다. 오늘날 상실감에 빠진 사람들을 만난다. 재물, 건강, 명예, 사랑하는 이를 잃어버린 사람들이 있다. 그러나 아무것도 잃지 않는 지혜가 이 책 속에 숨겨져 있다.

고난은 보석을 빛나게 하는 열과 압력, 땅에 묻힌 씨앗을 열매 맺도록 공간과 압력을 창조하는 역할을 한다. 고난 속에서 우리의 속사람이 날갯짓을 하는 것을 경험한다. 고난가운데 오히려 소망을 얻는 기쁨이 있다. 고난 가운데 형통하는 기쁨이 있다. 고난 가운데 있으나 남을 부하게 하는 기쁨이 있다. 고난 가운데 시간을 초극하는 영원을 만난다. 죄란 시간에서 영원을 상실한 것이다. 약함 가운데 영원자의 우월함에 경탄하는 기쁨이 있다. 모든 것을 잃은 것 같지만, 단독자가 될 때 아무것도 잃지 않았다는 기쁨을 누린다.

고난의 기쁨이 무엇인지 궁금하면 이 책을 찬찬히 들여다보라. 큰 상실을 경험했다면 이 책을 읽으라. 당신 안의 속사람이 날갯짓을 시작하는 것을 경험하게 되리라. 이창우 선생님의 노고에 감사하며 사명감을 가지고 키르케고르의 강화집들을 번역하는 그에게 깊은 존경의 마음을 전한다. 키르케고르의 《고난의 복음》과 《마음의 정결함》이 그의 친절하고 탁월한 번역으로 계속해서 출간되기를 기대한다.

윤덕영 목사_키르케고르 학회 총무•삼성교회 위임목사

대부분의 목사는 성경의 가르침을 바로 전달하고 있는지 점검합니다. 이 책은 그 동안 고난에 대하여 바르게 설교하였는지 돌아보게 합니다. 이 책은 고난에 대한 새로운 통찰을 줍니다. 그리고 고난에 대한 근시안적 관점에서 벗어나게 합니다. 고난을 영원이라는 시간의 관점에서 바라보게 합니다. "사람은 단 한 번의 고난을 당한다." "영원의 관점에서 고난은 신기루이다." 고난에 대한 키르케고르의 설명은 깊은 울림을 줍니다. 번역한 이창우 목사의 노력에 경의를 표합니다.

이영호 목사_부천침례교회 담임목사

오늘날 철학자들은 물론하고 성서학자들도 관심두지 않는 이 많은 성경에 대한 키르케고르의 저작들을 오래전부터 외롭게 천착해온 한국의 학자가 있습니다. 그는 제가 사랑하고 아끼는 이창우 목사입니다. 이 목사는, 덴마크어를 배우고, 영어와 덴마크어로 키르케고르를 독해하고 나서 번역하고, 이를 온라인에 게시하고, 종국에는 종이책으로 출판하는 지난한 작업을 수행하고 있습니다. 그는 또한 각 책마다 해제를 달고 있습니다. 그는 이 모든 작업을 지금까지 10년 넘게 혼자서 합니다.

독자제위께서는 이러한 몇 가지 배경을 염두에 두고 본 번역서를 읽는다면 하나님의 말씀에 대한 이해가 깊어지는 동시에 그리스도의 제자로서의 자신의 믿음을 점검해보는데 지대한 감동을 받으실 것으로 확신하여 일독만 아니라 숙독을 권합니다.

장동수 교수_전 한국침례신학대학교 신약학 교수

값비싼 향수의 본질은 그것을 뿌렸을때만 향기가 퍼지는 것이 아니라 밀폐된 병 속에 갇혀있을 때도 향기를 내는 것이다. 마찬가지로 우리에게 주어진 영적재물은 전달함으로 다른 사람을 부요케 한다. 여기에 기쁨이 있다.

하나님은 전능하신 분이고 우리 인간은 피조물이다. 그런데 하나님은 우리를 사랑하심으로 우리를 중요한 존재로 만드신다. 하나님의 사랑으로 가능해진 일이다. 그것이 하나님의 강함이다. 그 하나님의 강함이 우리에게 기쁨을 준다.

시간이라는 한계속에서 우리는 시간적인 것들, 일시적인 것들을 상실한다. 그러나 영원한 것은 영원히 획득될 수 있다. 거기에 기쁨이 있다.

바람이 배를 목적지로 이끈다면 사람들이 그것을 역풍이라 불러도 선원에게 그것은 순풍이다. 역경은 목표로 인도한다. 따라서 역경이 형통이 될 수 있다. 거기에 기쁨이 있는 것이다.

《고난의 기쁨》에 담긴 키르케고르의 주옥같은 강화를 통해 그의 통찰력을 발견하는 계기가 되기를 바란다. 추천하며 일독을 권한다.

조은식 교수_키르케고르 학회 회장•숭실대 교수

고난 중에 어떻게 기뻐할 수 있는가?

1. 소개

이 글은 키르케고르가 1848년에 저술한 『기독교 강화』 제 2부 '고난의 싸움 중에 있는 마음의 상태Stemninger i Lidelsers Strid'를 번역한 것입니다. 전체 4부로 구성된 『기독교 강화』 중에서 이 강화는 무엇보다 고난당하는 자의 '기쁨'을 다루고 있습니다. 역자는 키르케고르의 고난을 주제로 한 강화가 기독교 문학의 백미(白眉)라고 생각합니다. 이 강화는 고난에 대한 엄청난 통찰이 있습니다. 독자들은 이 글을 읽으면서 키르케고르가 제시하려는 기쁨이 어떤 것인지, 고난당하는 자의 기쁨이 다른 기쁨과 어떤 점에서 다른 것인지 생각해보십시오.

키르케고르의 작품 중에 고난에 대한 강화가 하나 더 있습니다. 1847년에 저술한 『다양한 정신의 건덕적 강화』 제3부에 실린 '고난의 복음'입니다. 이 두 작품은 고난이 주제라는 점에서 공통점이 있고, 또한 고난당하는 자의 '기쁨'을 이야기한다는 점에서도 같습니다. 다만 차이점이 있다면, 『고난의 복음』은 고난을 대부분 '제자의 길'이라는 관점에서 다루고 있는 반면, 이 강화는 '시간과 영원'의 관점에서 고난을 다룹니다.

키르케고르는 '기쁨의 철학자'입니다. 키르케고르만큼 기쁨을 강조한 사람도 없을 것입니다! 하지만 그가 기쁨을 이야기하는 곳마다 '고난', '환난', '역경', '짐'과 같은 단어들이 함께 등장합니다. 그가 우울, 불안, 절망을 말했다는 것은 심각한 오해입니다. 이런 결론은 그의 사상서만 읽었지 강화를 읽지 않은 까닭입니다.

처음 읽는 독자를 위해 '강화'에 대한 이야기를 하면서 시작하겠습니다. 강화는 영어로는 'Discourse'로 번역되었고, 덴마크어로는 'taler'입니다. 한 마디로 그냥 '이야기'라는 뜻입니다. 여기서 중요한 요점은 키르케고르는 자신의 어떤 작품도 '설교'가 아니라고 말했다는 데 있습니다.[03] 설교의 가치를 지니지 않는 글, 설교라 말할 수 없는 글, 그 정도의 '권위'가 없다는 것입니다. 이것은 그의 겸손의 표현입니다. 그의 글을 읽고 있노라면, 어떤 설교보다 기독교의 본질적인 개념을 담고 있다는 것을 알 수 있을 것입니다.

2. 제거 불가능한 고난

사람들은 고난을 싫어합니다. 그래서 무엇보다 신앙의 힘으로 고난을 극복하고자 합니다. 하나님 앞에 나아가 고난, 역경, 환난을 제거해달라는 기도를 무엇보다 간절하게 합니다. 이런 기도의 이면에 숨겨진 생각을 보면, 고난이 혼합된 기쁨은 아직 완전하지 않다는 것입니다. 그리하여 하나님 나라의 기쁨을 맛보기 바랍니다. 이 기쁨은 모든 불순물이 제거된 순전한 기쁨이라는 것입니다. 이 기쁨에는 세상의 어떤 고난도 없는, 그야말로 기쁨 밖에는 존재하지 않습니다. 하지만 이런 생각은 그의 작품에서 박살나게 될 것입니다. 바로 이 책입니다.

독자들 중에 고난을 제거하는 방법을 얻기 위해, 남은 생애 가운데 고난 없이 하나님께서 주신 기쁨을 찾기 위해, 이 책을 선택했다면 아마도 큰 실망을 하게 될 것입니다. 이 책은 고난을 제거할 마음이 없기 때문입니다. 그렇지 않다면, 이 책은 독자들에게 신선한 충격을 안겨줄 것입니다.

결론적으로 말해, 키르케고르는 고난을 제거할 마음이 없습니다. 더 정확히 말해, 고난을 기독교의 기쁨 속에 제거 불가능한 요소로 남겨두기를 바랍니다. 믿음, 소망, 사랑 그 중에 제일은 사랑입니다. **사랑 없는 믿음과 소망은 울리는 꽹과리이듯이, 고난 없는 기쁨도 울리는 꽹과리입니다.**

이 작품에는 등장하지 않지만, 『고난의 복음』에 나오는 이야기를 인용하자면, 환난의 길, 고난의 길은 잘못된 표현입니다. 이것은 기독교를 착각하도록 부추긴 대표적 표현입니다. 아니, 이 표현은 무한히 바뀌어야 합니다. 고난의 길이라고 말할 때는 마치 고난과 길을 분리할 수 있을 것처럼 보입니다. 그래서 기도실에 가서 기도했던 것입니다. 나의 삶에, 나의 인생길에 고난을 제거해달라고 기도실에서 매달렸던 것입니다.

하지만 명심하십시오. 기독교는 고난 자체가 길입니다. 바로 이것이 기독교가 말하는 진리이신 그분이 가신 길의 본질입니다. 고난 자체가 길인 경우, 고난을 제거하면 길이 사라집니다. 따라서 고난은 이 길을 가는 자에게 필연적입니다. 결코 제거할 수 없을 뿐더러 제거하기 바라는 것은 말

그대로 지옥행 열차를 타겠다고 결심한 것과 같습니다. 하지만 우리의 삶 속에서 우리는 얼마나 고난을 제거해달라고 기도했습니까? 인간적으로 말해, 고난을 원할 사람이 몇이나 되겠습니까! 이것이 맨 정신으로 가능할까요? 물론, 키르케고르는 고난을 원하는 것은 맨 정신으로는 불가능하다는 것입니다.

3. 불가능한 소원

세상에서 고난당하기를 원했던 사람이 있을 수 있습니다. 예를 들어, 일제 강점기에 독립을 위해 투쟁하기를 선택했던 독립 운동가들도 고난당하기를 소원한 것처럼 보입니다. 하지만 키르케고르는 이런 사람들도 고난당하기를 원한 것 같지만 실상은 싸우기를 원했다는 것입니다. 이런 사람들은 쾌락을 즐기며 인생을 잠에 빠져 살기를 원치 않았습니다. 노력 없이 이익을 얻기 위해 재치가 넘치는 삶을 원하지도 않았습니다. 그들은 싸우기를 원했습니다. 하지만 싸움을 위해 싸우기를 원하는 것은 결코 고난당하기를 원치 않는 것입니다. 주의하십시오! 이것은 최고의 것을 닮은 정반대의 것입니다.

키르케고르는 이 부분에 대하여는 더 통렬합니다. 이 사람들은 자신이 얼마나 강한 자인지, 싸움으로써 획득한 명예를, 암묵적으로 그 증거를 갖기를 원했다는 것입니다. 싸우면서 강자가 됨으로써, 싸우기 위한 지속적 몸부림을 통해서, 지속적으로 자신의 자존심Selvfølelse을 새롭게 하기를 원했다는 것입니다.

그들은 평안과 고요 속에 정착하기를 원치 않았습니다. 싸움에 대한 열망이 너무 컸습니다. 싸움이 이제 끝났다는 어떤 소식도 듣고 싶어 하지 않았습니다. 활시위bowstring의 자존심은 오직 한 가지, 전투에서 당겨지기를 열망하듯이, 아무리 많은 승리를 얻어도 느슨해져 창고에 처박히는 것, 이 한 가지에 의해 괴롭힘을 당하듯이, 그들도 역시 싸우는 중에, 전투의 날에, 처음이자 마지막으로 분투의 긴장 속에, 전투의 소용돌이 속에 살고 죽기를 원했습니다.

따라서 지혜로운 말인 '고난당하는 것', '고난당하기를 소원하는 것'이라는 말을 사용했을 때, 이것은 오해, 기만, 착각이었습니다. 누군가 그에게 그의 말을 반복하고 "그래, 너는 올바른 선택을 한 거야."라고 말한다면, 그리고 이제 그에게 그 말들이 함의하고 있는 것을 설명했다면, 세상을 향해 싸우기 위해 소원하고 도전했던 저 공격적인 사람들도 아마도 용기를 잃게 되었을 것입니다. 싸움에 빠지는 대신에, 그는 아마도 고난당하는 데에 빠졌을 것입니다.

고난당하기 원하는 것과 고난을 선택하는 것, 이것은 인간의 마음에 결코 일깨우지 못했던 소원입니다.[04] 이것을 생각한 사람은 자기 자신을 속이고 있을 뿐입니다. 고난에 대한 생각과 고난의 기쁜 복음을 파악하기 위해서, 고난을 견디고 실제적으로 고난으로부터 유익을 얻기 위해서, 고난을 선택하고 이것이 실제로 영원한 행복으로 이끄는 지혜가 되기 위해, 사람은 이 길을 걸으신 예수 그리스도가 필요하고, 그분께 배워야 합니다.

4. 기쁨

역자로서 이 작품을 평가하자면, 바로 이 불가능한 소원, 고난당하기 원하는 소원, 이 소원에 불을 붙이고자 하는 것입니다. 그렇다면, 도대체 어떻게 고난당하는 중에 기뻐할 수 있을까요? 키르케고르는 명확히 이 기쁨을 설명하고 있지 않습니다. 그는 일곱 번째 강화인 "역경이 형통인 기쁨"에서 다음과 같이 말합니다.

"이것이 기쁘다는 것을 발전시킬 필요는 없습니다. 역

경이 형통이라는 것을 믿는 자, 그는 이 강화가 필요 없습니다. 이것이 기쁘다는 것을 그에게 설명할 필요도 없습니다. 이것을 믿지 못하는 자는 한 순간도 낭비하지 말고 믿음을 붙잡는 것이 더 중요합니다."

키르케고르는 이 기쁨에 대해 말하지 않으려 하는 것은 명확한 것처럼 보입니다. 하지만 이 작품을 제대로 읽고 있는 독자라면, 고난당하는 중에 어떤 기쁨이 있는지 충분히 유추할 수 있을 것입니다. 이 기쁨은 형용할 수 없는 기쁨, 서술이 불가능한 기쁨입니다. 따라서 말할 수 없습니다. 키르케고르는 그의 일기에서 일찍이 다음과 같이 말했습니다.

1838년 5월 19일 오전 10시 30분. 사도가 어떤 분명한 이유도 없이 "주 안에서 항상 기뻐하라, 내가 다시 말하노니 기뻐하라"(빌4:4)고 외쳤던 것만큼 설명 불가능하게 우리 사이로 빛을 밝히는 형용할 수 없는 기쁨이 존재한다. 이 기쁨은 이런 저런 기쁨이 아닌, '마음 심연에서 나오는, 입과 혀를 가진' 영혼의 충만한 외침outcry 이다: "나는 기쁨으로 즐거워한다. 나의 기쁨으로, 기쁨을 통해, 기쁨 가운데, 기쁨에 의해." 말하자면, 갑자기 우리의 다른 노래를 방해하는 어떤 천상의 후렴refrain이다. 산들바람처럼 시원하게 하고, 상쾌하게 하는 기쁨,

맘므레 평원을 가로질러 영원한 처소로 불어오는 무역
풍에서의 미풍이다.(JP, 5:5324)

이 기쁨을 제대로 이해하기 위해서는 시간과 영원의 개
념이 필요합니다. 먼저 키르케고르에게 영원과 시간은 이질
적입니다. 어거스틴에게 시간과 영원의 문제가 이질적인 문
제가 아닙니다. 어거스틴에 의하면 시간은 영원에 흡수됩니
다. 시간은 창조와 함께 생성된 것이고, 영원은 무시간성으
로 표현됩니다. 하지만 키르케고르에게, 시간은 영원과 섞
일 수 없고 언제나 물과 기름처럼 이질적인 속성이 있습니
다.

우리는 시간에서 살아갑니다. 시간에 의해 길들여진 존
재입니다. 문제는 시간적인 어떤 것도 영원하지 않다는 것
입니다. 시간 안에 있는 모든 존재는 언젠가는 다 사라집니
다. 여기에 더 큰 문제가 있습니다. 시간 안에서는 어떤 존
재도 자유로울 수 없습니다. 많은 사상가들이 있었지만, 시
간과 자유의 문제를 생각한 사람이 많지 않습니다. 그런데
키르케고르는 시간 속에 살아가는 인간이 자유로울 수 있
는가를 생각합니다.

시간 안에서 인간이 왜 자유로울 수 없는지를 간단히 설

명해보겠습니다. 인간은 시간 속에서 개인이면서 사회 속에 살아갑니다. 문제는 개인인 인간이 사회 밖을 벗어나서 살 수 없다는 점입니다. 인간은 한 마디로 '사회적 존재'입니다. 이것은 나뭇잎과 나무와의 관계와 같아서, 나뭇잎이 나무 밖에서 살 수 없는 것과 같습니다.

문제는 나뭇잎(개인)이 떨어져 죽어도·나무는 살고 있다는 것이고 나무는 영속성이 있다는 것입니다. 마찬가지로, 개인은 시간에서 죽고 사라져도 지금까지 사회는 존속하고 있습니다. 이 사회 속에서, 인간은 사회의 규칙과 규범을 지키고 살아가야 하기에, 참다운 자유가 존재하지 않는다는 것입니다. 자연이 자연법칙 속에 있어 자유롭지 않듯, 인간은 사회법칙 속에 있어 자유로울 수 없습니다.

따라서 키르케고르는, 이 문제를 해결하기 위해 영원을 끌어들입니다. 영원에서, 정신의 영역에서, 키르케고르가 좋아하는 용어, '하나님 앞에서' 존재하지 않는 유일한 한 가지가 있습니다. 이것이 무엇일까요? 시간에서 영속성을 가지고 존재했던 사회, 이 사회가 영원에서는 존재하지 않습니다.

영원에서는 오직 개인만 존재합니다. 영원에서는 각 개인은 유일무이한 존재입니다. 영원에서는 그는 혼자입니다.

영원에서는 자식도 없습니다. 영원에서는 아내도 없고, 부모도 없고, 친구도 없습니다.

키르케고르는 이 영원을, 이 사회의 질병을 치유할 수 있는 치유책으로 끌어들입니다. 또한 이 영원에서만 자유로울 수 있습니다. 바로 이것이 코람데오이고, '하나님 앞에서'입니다.

그런데 이 영원이 어떻게 기쁨이 되는가를 생각해봅시다. 사회는 영속성이 있습니다. 마치 사회는 절대 사라질 수 없는 영원성이 있는 것처럼 보입니다. 하지만 개인은 어떠한가요? 나뭇잎처럼 죽고 사라지고 맙니다. 바로 이것이 시간 안에서의 고통의 원인입니다.

한 개인은 너무나 무력한 존재입니다. 아무리 세상에서 낙을 즐긴다 해도, 언젠가는 죽고 사라져야만 하는 존재입니다. 아무리 세상에서 많은 업적을 남긴다 해도, 그도 인간이고 허무하게 죽고 사라지고 맙니다. 이것을 조금이라도 진지하게 생각한다면, 다시 말해, 시간에 대한 근본적인 문제를 인식한다면, 이것이 우리를 불행하게 합니다. 동물은 시간에 대한 개념이 없어 고통당하지 않는 것처럼 보이는 반면, 시간에 대한 개념이 정립된 인간은 유일하게 시간으로 인해 고통당합니다. 그래서 이 강화는 다음과 같이 말합니다.

"시간적인 것만 시간에서 잃어버릴 수 있습니다. 시간
은 당신에게 시간적인 것 말고는 어떤 것도 빼앗을 수
없습니다. 다른 측면에서는 이렇습니다: 영원한 것은 영
원히 획득될 수 있습니다."

상실의 고통이 아무리 가혹하더라도, 그것은 시간적인
것일 뿐이라는 것입니다. 키르케고르는 고난을 제거하려는
것이 아니고, 영원에 의지하여 고난을 견딜 수 있는 용기를
주고자 합니다. 그는 또한 다음과 같이 말합니다.

"지금 우리가 기쁨을 포획하기 위해, 기쁨으로 고난
당하는 자를 사로잡기 위해 이 생각을 한데 모아봅시다.
시간적인 것이 시간에서만 상실되고 영원한 것은 영원
히 상실된다면, 유익은 분명합니다. 내가 시간을 상실하
면 영원을 얻습니다."

5. 시간의 성화

하지만 시간을 상실하는 일, 이 세상에서 유한한 것을

포기하는 일은 쉽지 않습니다. 어쩔 수 없는 포기가 아니라, 의도적인 포기를 말합니다. 여기에는 언제나 고통이 따릅니다. 키르케고르에게, 영원은 시간의 반대입니다. 영원은 시간 전체에 저항합니다. 시간을 양적으로 축적한다고 해서 영원이 될 수는 없습니다. 오히려 시간이 자신을 수치로 계산하여 영원을 닮으려 합니다.

예를 들어, 고난당하는 자를 생각해보십시오. 그의 고난은 결코 한 번이 아닙니다. 시간의 계산법에 따르면, 그는 하루, 이틀, 사흘, … 등 많은 날들을 고난당하고 있습니다. 다시 말해, 허구한 날 고난당하고 있는 것입니다. 시간은 이렇게 고난이 영속될 것처럼 고난당하는 자를 괴롭힙니다.

하지만 기생식물이 아무리 길게 자라난다 해도, 아무리 땅에서 넓게 퍼진다 해도, 그 키가 숙주식물 이상 더 자랄 수 없는 것처럼, 시간 역시 그러합니다. 영원이 다스릴 때, 시간이 아무리 오래 지속된다 해도, 시간은 한 순간에 불과합니다. 이것은 거꾸로 생각해야 합니다. 시간이 기생식물처럼 고난당하는 자를 의존하고 있는 것입니다. 고난당하는 자의 종이었던 시간이 고난당하는 자의 주인이 되려 합니다. 하지만 시간을 저지하는 힘은 영원뿐입니다.

여기에는 목적과 수단의 문제가 존재합니다. 사도행전

8:18-20절을 보면 다음과 같습니다.

"시몬이 사도들의 안수로 성령 받는 것을 보고 돈을
드려 이르되, 이 권능을 내게도 주어 누구든지 내가 안
수하는 사람은 성령을 받게 하여 주소서 하니, 베드로가
이르되, 네가 하나님의 선물을 돈 주고 살 줄로 생각하
였으니 네 은과 네가 함께 망할지어다."

먼저 시간과 영원을 생각하자면, 시간(돈)이 영원(성령)
에 봉사해야 할까요, 영원이 시간에 봉사해야 할까요?

다음으로 목적과 수단을 생각하자면, 성령을 수단 삼아
돈을 버는 것이 목적인가요, 돈을 수단 삼아 성령을 얻는 것
이 목적인가요? 혹은 시간적인 것(돈)으로 영원한 것(성령)
을 살 수 있을까요?

목표나 목적은 수단보다 언제나 높습니다. 그때, 이 땅
의 유익을 얻기 위해 영원한 것으로 얻으려 한다면, 이 땅의
유익이란 그에게 영원한 것보다 더 높은 것입니다. 그러나
이 경우에, 그는 영원한 것을 상실합니다. 이것이 키르케고
르가 말한 멸망입니다. 그러나 오늘날 교회에서, 어떤 일이
벌어지는지 보십시오.

이 땅의 유익을 위해, 자신의 사익을 위해, 자신의 영적

우월을 뽐내기 위해, 자신의 영적 자만에 봉사하기 위해, 성령을 이용하는 자들이 얼마나 많은지를. 시간에서 영원을 얻기 위해 살지 않고, 시간을 포획하기 위해 영원을 이용하는 경우가 얼마나 많은지를.

우리는 무엇보다 '시간을 성화'해야 할 필요가 있습니다. 영원의 도움으로 말입니다. 아브라함 허셸은 『안식』에서 시간의 성화를 말한 바 있습니다.[05]

"시간의 문제는 시간을 성화함으로써만 풀 수 있다. 시간처럼 붙잡기 어려운 것도 없다. 하지만 하나님과 함께 하는 사람에게 시간은 변장한 영원이다. 창조는 하나님의 언어이고, 시간은 그분의 노래이며, 공간의 사물은 그 노래에 담긴 자음이다. 시간을 성화하는 것은 하나님과 한 목소리로 모음들을 노래하는 것과 같다. 공간을 정복하고 시간을 성화하는 것이야말로 인간에게 주어진 과제다."[06]

하지만 아브라함 허셸은 이 이상 발전시키지 못했습니다. 도대체 시간을 성화하기 위해서 우리는 무엇을 할 수 있습니까? 역자는, 키르케고르에게 있어, **시간의 성화란 순종**이라 확신합니다. 순종은 시간을 구원하는 힘입니다. 주님은 고난을 통해 순종함을 배우셨습니다.(히5:8) 그분은 삶과 죽음에서 순종함으로 시간적인 모든 것을 내려놓으셨습니다.

그리스도를 본받아 고난당함으로 순종하는 자는 주님의 영광을 선포합니다. **따라서 순종하는 그리스도인의 삶은 주님의 영광을 위한 찬양의 노래입니다. 순종은 하나님의 뜻이 이 땅 위에 울려 퍼지게 하는 천상의 노래입니다.** 공간의 정복은 역설적으로 예수 그리스도를 닮아 시간적인 모든 것을 포기할 때만 가능합니다.

그렇다면, 그리스도인은 이 과정을 통해 어떻게 성화될까요? 그리스도인은 고난을 통해 성화되고 깨끗해집니다. 그리스도께서 고난을 통해 순종함을 배운 것처럼, 그리스도인 역시 고난을 통해 순종을 배울 때 성화됩니다. 영원의 사고로 생각하면, 한 번의 고난은 이동, 통과일 뿐입니다.

당신은 고난을 통과해야 합니다. 이 고난이 당신의 인생만큼 길다할지라도, 마음을 찌르는 칼이 된다 할지라도(눅2:35), 그것은 겨우 통과에 불과합니다. 당신을 통과하고 있는 것이 고난이 아닙니다. 당신이 고난을 통과합니다. 영원의 의미에서, 당신은 절대로 다치지 않습니다.

시간에서, 시간의 이해에서, 고난은 끔찍한 것처럼 보입니다. 시각적인 착각에 의해, 고난이 마치 당신을 뚫고 지나가는 것처럼 보일 수 있습니다. 그래서 당신은 고난 속에서 죽어가는 것처럼 보일 수 있습니다. 그러나 오히려 고난을 통과하고 있는 것은 바로 당신입니다. 바로 이것이 시각적 착각입니다.

이것은 마치 한 배우가 다른 배우를 죽이는 연기와 같습니다. 이 연기에서 한 배우가 다른 배우를 정확히 찌른 것처럼 보입니다. 그러나 우리 모두가 알다시피, 이것은 그렇지 않습니다. 그는 머리털 하나 상하지 않습니다.(눅21:18) 살해당한 배우가 해를 당하지 않고 집으로 돌아가듯이, 다니엘이 해를 당하지 않고 사자 굴에서 나오듯이(단6:10-23), 그의 세 친구들이 용광로 속에 걸어 들어가지만 해를 당하지 않듯이(단3:8-27), 믿는 자의 영혼도 모든 일시적인 고난에 의해 해를 당하지 않고 영원으로 걸어갑니다. 죽음에 의해 다치지 않습니다.

모든 일시적인 고난은 신기루입니다. 영원의 의미에서 죽음 자체는 어릿광대입니다! 좀과 동록이 영원의 보물을 소멸할 수 없듯이(이보다 더 불가능한 것이 어디 있겠습니까!), 도둑이 그것을 훔칠 수 없듯이(마6:19-20), 일시적인 고난은 그것이 아무리 오래 지속된다 해도, 눈곱만큼도 영혼에 해를 가할 수 없습니다. 어떤 병도, 어떤 기근이나 궁핍도, 어떤 추위나 더위도 아무리 많은 것을 소멸한다 해도, 영혼을 소멸할 수 없습니다. 어떤 중상모략도, 어떤 모욕도 어떤 인격적 공격이나 핍박도 아무리 훔치고 강탈한다 해도, 영혼을 소멸할 수 없습니다. 죽음도 영혼을 소멸할 수 없습니다!

한 번의 고난은 영혼에 어떤 흔적도 남길 수 없는 통과입니다. 아니, 훨씬 더 영광스럽게도, 이 고난은 영혼을 완전히 깨끗하게 하는 통과입니다. 결과적으로 청결은 통과가 뒤에 남겨 놓은 흔적입니다. 금이 불 속에서 깨끗해지듯이, 영혼은 고난 속에서 깨끗해집니다.(말3:3) 그러나 불은 금에서 무엇을 제거합니까? 이것을 제거한다고 부르는 것은 이상한 말일 수 있습니다. 왜냐하면 불은 금 속에 있는 불결한 요소들만 제거하니까요. 그렇다면, 금은 불 속에서 무엇을 상실합니까? 이것을 상실한다고 말하는 것은 이상한 말일 수 있습니다. 왜냐하면 금은 불 속에서 모든 비천한 것들을 상실하고 있으니까요. 다시 말해, 금은 불을 통해 이득을 얻고 있습니다.

모든 일시적인 고난도 이와 마찬가지입니다. 고난이 아무리 힘들고, 아무리 오래 지속되더라도, 고난은 본질적으로 무기력합니다. 고난은 불결한 것만 제거할 뿐입니다. 다시 말해, 고난은 청결함을 줍니다.

6. 결론

오늘날 한국 교회는 고난을 제거하는 일에 몰두해 있었다고 생각합니다. 진리로 고난당하기보다 고난을 회피하기 위한 도구로 진리를 활용하려 했습니다. 이것은 가장 깊은 타락으로 사회에 아무런 힘을 발휘하지 못하는 그리스도인만을 양산할 뿐입니다. 세상은 진리 가운데 있지 않습니다. 곧, 비진리의 세상 속에 진리를 선포하는 것은 고난당하는 길입니다. 이것은 마치 공산주의 국가인 북한에 들어가 민주주의를 선포하는 것 이상으로 목숨을 거는 일이라고 생각합니다. 바로 이 일이 세상 속에 살면서 하나님의 나라를 선포하는 일입니다. 이 일은 언제나 위험 가운데 있습니다.

요즘 코로나 사태로 세상이 전복되었습니다. 오죽하면 '뉴노멀'이라는 말이 나올까요? 정상과 비정상이 전복되었습니다. 다시는 예전으로 돌아가기 어렵다는 전망을 내놓고 있습니다. 그럼에도 불구하고 사람들의 마음 한 편에는 이 위기가 지나가기를 바라고 있습니다. 하루 속히 정상으로 복귀하기 원하고, 여행도 다니고 싶고, 마스크도 벗고 싶어 합니다. '집단 면역'만이 살 길이고, 집단면역이 가능할 때만 정상으로 복귀가 가능하다는 것입니다. 따라서 전 세계는 백신 주사를 맞느라 한창입니다.

이 사태를 영적으로 이해해 봅시다. 도대체 영적으로는 무엇이 정상이고 무엇이 비정상인가요? 저는 시간에 길들여진 삶이 정상이라고 생각하지 않습니다. 영적으로는 영원에 길들여진 삶을 살 때만 정상입니다. 하지만 그렇게 살기로 결단하는 한, 시간적인 것에 길들여진 일반 대중들이 이 삶을 이해할 수 없습니다. 영적인 삶에서 '뉴노멀'이란 영원에 길들여진 삶을 사는 것입니다.

영적으로 이해한다면, 코로나 사태는 끝나지 않습니다. 사람들은 이 위기가 지나가길 바라지만, 영적인 위기는 지나가는 법이 없습니다. 또한 코로나는 집단 면역으로 돌파할 수 있는 반면, 이런 영적인 위기에는 백신 같은 것은 존재할 수도 없고, 집단 면역은 아예 불가능합니다. 그리스도인 각 개인이 영원의 도움으로 주어진 매 순간을 견딜 때만, 삶을 살아낼 때에만, 시간을 성화하고 영원을 얻습니다.

참고자료

01 표제와 관련하여서는 다음을 참고하라.

고난의 복음*

No.2

1. 한 번 고난당하지만 영원히 승리하는 기쁨
206쪽 일기의 주의(N.B.)를 보라.[Pap. VIII1 A 31-32]
2. 환난이 소망을 빼앗는 것이 아니라 소망을 구해오는 기쁨
238쪽 이 책을 보라.[Pap. VIII1 A 360-61]
3. 가난할수록 다른 사람을 더 부하게 하는 기쁨[*] -JP II 2189(Pap. VIII1 A 180) n.d., 1847

VIII1 A 180의 여백에서;

*오히려: 안심시키고 기쁨을 주는 생각

기독교 강화

S. K. 지음

-JP II 2191(Pap. VIII1 A 182) n.d., 1847

Pap. VIII1 A 180에 추가된 것;

[*] 모든 세속적인 소유물(재산, 명예, 권력 등)은 내 것이 증가하는 만큼 다른 사람의 소유물을 감소시킨다.

정신의 가난. 내가 더 많이 박식해질수록, 나를 점점 덜 이해하게 된다.
-JP II 2193 (Pap. VIII1 A 184) n.d., 1847

Pap. VIII1 A 180의 여백에서:
4. 약할수록 내 안에 하나님은 더 강하다는 기쁨
5. 시간에서 상실한 것을 내가 영원히 얻는 기쁨
6. 닻을 고정하는 것이 믿는 자가 아니고, 믿는 자를 고정하는 것이
믿음의 닻인 기쁨
[바뀐 것: 믿는 자가 영적 시험에서 닻을 붙들 수 없다면, 믿음의 닻이
믿는 자를 붙들 수 있다.] -JP II 2190 (Pap. VIII1 A 181) n.d., 1847

Pap. VIII1 A 181에 추가된 것: 이 책의 190쪽과 191쪽을 보라. [Pap.
VIII1 A 300-302, 322-23] -JP II 2192(Pap. VIII1 A 183) n.d., 1847

이 책의 73쪽과 210쪽을 보라. Pap. VIII1 A 180-83 그리고 322-23]

*고난의 복음, No. 2
VII. 감히 가장 복된 것을 믿지 못하는 것은 "기쁨을 위한" 것인 기쁨

당신은 이것을 믿지 못한다.
하지만 용기를 가지라.
그 이유는 그것은 또한 기쁘다는
데에 있기 때문이다.
용기를 가지라.
왜냐하면 당신을 방해하는 것이
기쁨이기 때문이다.
이것이 기쁘지 아니한가?

제자들이 기쁨을 위해 감히 믿지 못했다고 전해진다. 누가복음 24:41
-JP II 2194(Pap. VIII1 A 300), n.d., 1847

Pap. VIII1 A 300의 여백에서:

*아마도 더 좋음:
안심시키는 생각
기독교 강화
S. K. 지음
-Pap. VIII1 301 n.d., 1847

Pap. VIII1 A 300의 여백에서:

. . . . 당신이 문을 닫고 중재자 없이, 거만한 듯 보이는 우월한 자의 부담 없이, 하나님과 이야기하기를 소원할 때마다, 그것은 축복이 아닌가? 그러나 당신은 믿지 못하는가? 왜 이것을 믿지 못하는가? 아마도 이것은 너무 기쁘다. 그러나 이것이 기쁘지 아니한가? 죄의 용서 등. - JP II 2195 (Pap. VIII1 A 302) n.d., 1847

원고에서;

고난의 싸움 중에 있는 마음의 상태
[바뀐 것: 싸움 중에 있는 마음의 상태]
기독교 강화
키르케고르 지음

"내가 비유에
내 귀를 기울이고,
수금으로 나의 오묘한 말을
풀리로다.(시49:4)
-Pap. VIII2 B 98 n.d., 1847-48

02 다음을 참고하라.

기독교 강화Christian Discourse는 어느 정도는 의심을 다루고 있다. 설교는 절대적으로 유일하게 권위에 기반을 두고 영향을 끼친다. 즉, 성서와 그리스도의 사도들의 권위이다. 그러므로 의심을 아무리 잘 다룬다 할지라도, 설교에서 의심을 다루는 것은 정확히 이단heresy인 것이다.

그러므로 나의 《기독교 강화》의 서문은 다음에 나오는 구절을 담고 있다: "고난당하는 자가 많은 생각으로 인해 방황하고 있다면,"

설교는 목사(안수)를 전제하고 있다; 기독교 강화는 평신도에 의해서도 가능할 수 있다. -JP I 638 (Pap. VIII1 A 6) n.d., 1847

03 ap. VIII2 B 98에 부가된 것;

결백하게(죄 없이) 고난당하는 자에게(변화된 것: 모든)
이 작은 책을
바칩니다.

-Pap. VIII2 B 99 n.d., 1847-48

최종본에서;

시편 49:4

삭제된 것: 결백하게 고난당하는 자에게,

이 작은 책을

바칩니다.

- Pap.VIII2 B 123:12 n.d., 1847-48

04 고린도전서 2:9, "기록된 바, 하나님이 자기를 사랑하는 자들을 위하여 예비하신 모든 것은 눈으로 보지 못하고 귀로 듣지 못하고 사람의 마음으로 생각하지도 못하였다 함과 같으니라."

05 아브라함 허셸, 『안식』 김순현 역 (서울: 복 있는 사람, 2008), 171-81쪽

06 같은 책, 180-1쪽

Chapter
1

한 번 고난당하지만
영원히 승리하는 기쁨[01]

Det Glædelige i: at man lider kun een Gang, men seirer evigt

덕을 세우는 일

목적을 원하는 사람은 또한 그 수단을 원해야 합니다.[02] 그러나 이것은 자신이 원하는 것을 알고 있다고 가정하고 있거나 혹은 인정하고 있다는 것을 암시합니다. 이것을 가정했을 때, "그때 당신은 또한 수단을 원해야 합니다."라고 말하면서 우리는 '수단' 앞에 있는 그를 멈추게 합니다. 그렇지만 가끔은 더 멀리 돌아가는 것이 필요할 수도 있습니다. 그래서 다음과 같이 말합니다.

"무언가를 원하는 자는 무엇보다 먼저 그가 원하는 것을 알아야만 해. 그가 원하는 것이 무엇인지도 의식해야만 하고."

어떤 목적을 즉각적으로 성취하기를 바라는 성급한 사람impatience에게 이것은 이미 소름끼치는 방해인 것처럼 보입니다. 또한 수단의 문제는 그에게 익숙한 것처럼 보입니다. 오, 그러나 얼마나 치명적으로 느립니까! "무언가를 원하는 자는 또한 원하는 것을 알아야 하고 원하는 것이 무엇인지 의식해야 할 만큼" 멀리 뒤로 가는 일로 시작해야 하다니.

<u>건덕적 강화의 과업이 무엇인지에 관련된 것도 이와 마찬가지입니다[03]: 덕을 세우는 것, 혹은 오히려 덕이 세워지는 것과 관련된 것.</u>

아마도 사람은 무언가 대단한 사람으로 세워지기를 원하고, 그렇게 되기를 소원합니다. 그러나 자신이 원하는 것이 무엇인지 이해할 시간을 갖는다면, 혹은 그것을 자신에게 설명할 기회를 얻는다면, 그래서 그것에 대해 다시 생각해 본다면, 세워지기보다 면제되기를 더욱 바랐다는 것 말고 어떤 것도 없습니다.[04]

이런 오해는 삶에서 종종 일어납니다. 사람은 더 명확한 본질을 전혀 알지 못하는 무언가를 격렬하게, 열정적으로,

고집스럽게 갈망합니다. 아, 소원하는 자가 생각했던 것과는 정반대의 본질을 갖고 있는 것을 갈망하기도 합니다.[05]

덕을 세우는 것도 이와 마찬가지입니다. 그것은 본질적으로 좋은 것입니다. 바로 그런 이유로, 덕이 세워지기를 원하는 개인은 자기 자신을 이해하기를 요구해야 합니다. 그가 무분별하게, 세속적인 방식으로 경솔하게 소원하면서 덕을 세우는 일을 헛되이 하지 않도록 말입니다. 그가 덕을 세우는 일이 무엇인지 명확히 알 때, 감사가 줄어드는 일이 없도록 말입니다.

정확히 덕을 세우는 일upbuilding이란 무엇일까요? 덕을 세우는 일이 무엇인지에 대한 **첫 번째 대답은 이것입니다: 그것은 끔찍한 것**terrifying**입니다.**[06] 덕을 세우는 일은 건강한 자를 위하여 있는 것이 아니라 병든 자를 위한 것입니다.[07] 강한 자를 위한 것이 아니라 약한 자를 위한 것입니다. 건강한 자와 강한 자에게는 아마도 이것이 먼저 끔찍한 것처럼 나타나야 합니다.

병든 자는 당연히 의사의 치료를 받는 것에 동의합니다. 그러나 건강한 자가 의사에 의해 병든 자로 진단받는 것, 그래서 의사의 손에 맡겨질 수밖에 없음을 발견하는 것, 이것이 끔찍합니다.

덕을 세우는 일도 이와 마찬가지입니다. 이것은 무엇보다 끔찍합니다. 상하고 통회하는 마음이 없는 자에게,[08] 덕을 세우는 일은 무엇보다 치명적인 것입니다. 끔찍한 아무것도 없는 곳에, 어떤 두려움도 없는 곳에, 덕을 세울 만한 아무것도 없습니다. 무엇이든 덕을 세울 만한 아무것도.

죄의 용서가 있는 것, 이것이 덕을 세우는 일입니다. 끔찍한 것이란 죄가 있다는 데 있습니다. 죄의식의 내면에서 두려움의 강도는 덕을 세우는 일의 크기에 비례합니다. 모든 고통에 치유가 있고, 모든 싸움에 승리가 있고, 모든 위험에 구원이 있다는 것, 이것이 덕을 세우는 일입니다. 끔찍한 일이란 고통, 싸움, 위험이 있다는 데에 있습니다. **끔찍함과 두려움의 강도는 덕을 세우는 것에, 건덕적인 것에 비례합니다.**

그래서 덕을 세우는 일이 그만큼 깊이가 있습니다. 덕을 세우는 일을 찾는 것은 우물을 파는 일과 닮았습니다. 우물을 팔 때, 수도 없이 많은 깊이many, many fathoms를 파야 합니다. 물론 그때 물줄기는 더 높이 솟아오릅니다. 사람은 무엇보다 끔찍한 것을 찾기 위해 면밀히 봐야 합니다. 끔찍한 것과 덕을 세우는 것과의 관계는 **점 막대기**divining rod[09]와 **샘 줄기**spring과의 관계와 같습니다. 곧, 막대기가 구부러지는 곳에, 그 땅 속에 샘 줄기가 있습니다. 끔찍한 것이 있는 곳의 저 밑바닥까지 면밀히 보면, 거기에는 덕을 세우는 일이 있습니다. 끔찍한 것을 찾기 위해 면밀히 본다면, 그때 다시 한 번 면밀히 본다면, 덕을 세우는 것을 찾을 수 있습니다.

본질적으로 덕을 세우는 일은 확실하고, 그 자체로 신뢰할 만합니다. 마치 끔찍한 것이 덕을 세우는 일을 방해하는 것처럼, 그것을 두려워하지 말아야 합니다. 덕을 세우는 일이 더 즐겁게 되기를 바라면서, 소심하게 끔찍한 것을 멀리하지 말아야 합니다. 왜냐하면 덕을 세우는 일은 끔찍한 것에 맡겨져 있기 때문입니다.

반면, 덕을 세우는 일은 명확히 끔찍한 일 가운데 있습니다. 덕을 세우는 일이 큰 승리를 거두기에, 언뜻 보면 원수enemy로 보이는 **무엇이든,** 그것은 전제presuppostion요, 종servant이요, 친구가 될 수 있을 듯 합니다. 약의 기술이란 것이, 독을 치료제로 바꿀 정도의 어려운 과업을 성공적으로 수행하는 것이라면, 덕을 세우는 일에 있어서 끔찍한 일이란, 덕을 더욱 영광스럽게 세우는 일로 변화됩니다.

이 강화의 주제가 바로 이와 같습니다. 사람은 한 번만 고난을 당합니다. 이것을 너무 빨리 듣게 되면, 천박한 것처럼 들립니다. "인생을 즐기라, 인생은 한 번 뿐입니다."[10]라는 저 천박한 속담이 세상에 너무 자주 들리는 것처럼 말입니다. 그러나 덕을 세우는 일을 찾기 위해서는 먼저 끔찍한 것을 찾아야 하고 여기에서 이해할 만한 시간을 가져야 합니다. 이 말 속에 **인생의 가장 어두운 관점**most somber view이 포함되어 있다는 것을 이해해야 합니다.

사람은 한 번 고난당합니다. 이것은 그가 인생에서 한 번 아프다는 것, 그의 인생에서 한 번만 불행하다는 것을 말하는 것과 같습니다. 다시 말해, 그의 전 생애를 통해 한 번만 불행하다는 것입니다. 자, 이제 보십시오. **가장 깊이 있는 의미에서 덕을 세우는 일이 시작됩니다.** 그러나 이 땅의 지혜earthly sagacity, 조바심, 세상의 염려는 세속적인 방식으로 치료를 구합니다. 불가능한 일을 고집하지 않습니다. <u>본질적으로 기독교적인 것에 대하여 말할 때, 덕을 세우는 일을 위해서는 불가능한 일을 언급할 수 있어야 합니다.</u>

진실로 기독교는 바로 여기에서, **불가능한 곳**에서 시작됩니다. 혹은 진정한 기독교는 바로 여기에서, 인간의 조바심이—실제 고난이 무엇이든 간에—슬퍼해야 하는 곳에서, 위로에 의해, 이것이 위로에 의해 절망까지 증가하는 곳에서 시작됩니다. 왜냐하면 세속적인 관점에서 기독교의 위로란 이 땅의 가장 고된 고난보다, 가장 큰 일시적 불행보다 더 절망적이기 때문입니다.

거기에서 덕을 세우는 일이 시작됩니다. 기독교의 덕을 세우는 일 말입니다. 이것은 우리 주와 구주이신 그분의 이름을 따라 붙여진 것입니다. 그분 역시 한 번 고난당하셨으니까요.[11] 그러나 그의 전 생애는 고난이었습니다. 그리하여 우리가 다음에 대해 이야기 해봅시다.

한 번 고난당하지만 영원히 승리하는 기쁨

한 번의 고난은 순간입니다.

[12]한 번 고난당하지만 영원히 승리합니다. 그렇다면, 단 한 번만 승리하는 것인가요? 정말로 그렇습니다. 그러나 차이는 무한합니다. 다시 말해, 한 번의 고난은 순간이고 한 번의 승리는 영원합니다. 따라서 한 번의 고난이 지나갈 때, 고난은 없는 시간[ingen Gang]입니다. 다른 의미에서, 한 번의 승리도 없는 시간입니다. 왜냐하면 이 승리는 결코 지나가지 않으니까요. 한 번의 고난은 이동 혹은 통과입니다. 그러나 한 번의 승리는 영원히 계속되는 승리입니다.

혹은 한 번만 고난당합니다. 고난이 70년 동안 지속된다 해도, 단 한 번입니다.[13] 한 번이 일흔 번씩 일곱 번이라도,[14] 여전히 단 한 번입니다. 시간[temporality] 자체, 그 전체는 순간에 불과합니다. 영원이 이해할 때, 시간은 순간입니다. 영원이 이해할 때, 순간은 단 한 번입니다. 시간은 무익하게 중요해지길 바랍니다. 순간들을 계산하고 또 계산하고 순간을 추가합니다. 그러나 영원이 다스릴 때, 시간은 한 번 그 이상 멀리 갈 수 없고, 한 번 그 이상이 될 수도 없습니다.

영원은 반대입니다. 영원은 시간 안에 있는 단 한 순간의 반대가 아닙니다. (이것은 무의미합니다.) 영원은 시간

<u>전체의 반대입니다.</u>[15] 영원은 온 힘을 다해 시간이 한 번 그 이상이 되는 것에 저항합니다. 하나님이 물에게 "여기까지 더 이상은 안 된다"[16]고 말하듯이, 영원은 시간에게 말합니다.

"여기까지야. 더 이상은 안 된다. 네가 아무리 길지라도, 너는 순간에 불과하지. 그 이상 그 이하도 아니란다. 여기 영원인 내가 보증하지. 여기 영원인 내가 너로 하여금 그렇게 되게 한단다."

기생식물이 아무리 길게 자라난다 해도, 아무리 땅에 넓게 퍼진다 해도, 그 키가 숙주식물보다 더 크게는 자랄 수 없습니다. 마찬가지로 시간 역시 더 이상 자랄 수 없습니다. 영원이 다스릴 때, 시간이 아무리 오래 지속된다 해도, 시간은 한 순간과 한 번 그 이상 지속될 수 없습니다.

따라서 인생의 시작점에 서 있는 젊은이는 인생의 종점에 서서 과거를 응시하고 있는 노인과 같은 권리로 말합니다: 사람은 단 한 번만 고난당합니다. 같은 권리로. 다시 말해, 영원의 힘으로 말합니다. 그러나 그 진술이 동일하게 진실할지라도, 동일한 진리는 아닙니다. **젊은이는 진실한 것을 말했으나, 노인은 증명했고 영원히 진실한 것을 사실로**

만들었습니다. 이것이 유일한 차이입니다. 이것은 또한 이 시대에 간과되었던 것입니다.

이 시대에 사람들이 아무리 많은 것을 입증한다 해도, **사람이 할 수 있는 최고의 것은 영원한 진리를 사실로 만드는^{gjøre} 데 있다는 것을 완전히 망각했습니다.** 진리를 행함^{gjøre}으로써, 스스로 입증이 됨으로써, 또한 다른 사람들을 설득할 수 있는 삶에 의해, 사실인 것을 사실로 만드는^{gjøre} 것을 망각한 것입니다.

그리스도는 이런 저런 진리를 입증하는 것과 관련이 있었나요? 혹은 진리를 입증하는 데 빠져 있었습니까? 아닙니다. 그분은 진리를 사실로 만들었습니다. 혹은 그분이 진리라는 것을 사실로 만들었습니다.

단 한 번만 고난당합니다. 당신이 집중하기만 한다면, 땅에서 기어 올라가는 기생식물이 얼마나 높이 올라가려는 성질이 있는지 매 순간마다 볼 수 있듯이, 휘감고 올라갈 만한 대상을 찾기만 한다면, 그 키까지 기어오르거나 그 키를 흉내내듯이, 시간^{temporality}도 이와 마찬가지입니다. 서서히 퍼져나가는 중에, 시간은 매달릴 만한 대상을 찾는다면, 역시 무언가가 되기 위해 기어 올라가기를 바랍니다. 외부의 도움을 받으면서 말입니다. 왜냐하면 그 일이 일어난다면,

시간이 이런 식으로 간신히 무언가가 된다면, 그것은 불행하게도 **사람의 도움으로** 일어난 일이기 때문입니다.

사람이 영원으로부터 힘을 끌어당기지 못할 때, 영원과의 교제 가운데 시간을 억압할 만한 힘을 얻지 못할 때, 시간은 그에게서 힘을 훔칩니다.

이 훔친 힘으로 시간은 지금 어떤 거대하고 대단한 것이 됩니다. 시간은 그의 조바심, 절망, 아마도 파멸이 되고 맙니다. 교만은 시간의 주인을 공격합니다. 그러나 시간은 그만큼 배은망덕합니다. 시간은 사람에게서 영원의 힘을 훔침으로써 대단한 것이 되고 맙니다. 마침내 시간은 그와 함께 머물고 그를 자신의 노예로 만듭니다.

아, 사람이 순간에 대하여 너무 많은 것을 알게 되는군요. 그가 계산하는 숫자들은 점점 더 커지고 맙니다. 아, 그러나 영원eternity이 다스릴 수만 있다면, 동일한 이 계산은 한 번에 하나입니다. 하루의 고난은 깁니다. 한 달의 고난은 끔찍하게 깁니다. 일 년의 고난은 치명적으로 깁니다. 견딜 수 없고, 절망할 수밖에 없습니다. 사람은 이 시간 저 시간을 기억할 수 있고 너무 많은 시간들을 기억할 수 있기 때문에 수많은 고난의 시간의 처음도 끝도 알지 못합니다.

포도원 주인이 다른 시간에 일꾼들을 불렀을지라도, 합의에 따라 일꾼에게 같은 품삯을 주었을 때, 그는 옳지 않았나요?[17] **영원의 의미에서,** 그는 옳지 않았나요? 왜냐하면 영원의 의미에서, 그들은 단 한 번 일을 한 것이니까요. 따라서 부당한 대우를 받는 것처럼 불평했던 일꾼들은 영원히 진실하지 않은 시간으로부터 무언가를 배운 것이 틀림없습니다. 물론, 이것은 그들의 실수였습니다. 잘못을 범하고 있는 것은 그들이지 주인이 아닙니다.

주인은 영원이고 그에게서 시간의 차이는 존재하지 않으니까요. 그에게 시간은 한 번에 불과하기 때문입니다. 결국, 같은 품삯은 영원한 것입니다. 따라서 누구도 불평할 만한 이유가 없습니다. 영원과 관련하여서는 단 하나의 합의만 가능하고, 모든 사람에게 평등해야 하니까요. 영원의 품삯을 받는 것과 관련하여, 한 사람이 다른 사람보다 더 오래 일한 적이 없습니다. 왜냐하면 세 시(아침 9시)에 부름받은 사람이 열한 시(오후 5시)에 부름받는 사람보다 더 오래 일을 한 것이 아니기 때문입니다.

오, 당신 고난당하는 자여, 매일 저녁 당신은 "촛불을 조심하십시오!"[18]라는 외침을 듣습니다. 당신은 가끔 "시간을 잘 활용하십시오!"라는 외침을 들을 때도 있습니다. 나는 오히려 나와 당신에게 이렇게 외치고 싶습니다: 무엇보다 신중하게 **시간과 어울리는 것을 조심하십시오.** 촛불을 조심하는 것보다 더 조심하십시오. 당신에게 시간은 한 번 그 이상이 되지 않도록 그리하십시오! 순간과 시간을 계산하기 바라는 저 끔찍한 계산을 시작하지 마십시오. 시작했던 누구도 결코 끝낸 적이 없었던 그 일을 시작하지 마십시오!

무엇보다 영원의 도움으로 그 파편들을 줄이는 데 조심하십시오. 영원 속에서 모든 순간들은 언제나 상쇄되고 맙니다. 그런 식으로 순간들은 불과 한 번이 되고 맙니다. "단 한 번만 고난을 당한다"는 이 건덕적인 위로를 결코 놓지 마십시오. 이것으로, 곧 영원으로 당신 자신을 보호하십시오. 당신의 삶에서 한 번 그 이상 고난당하는 일이 없도록 당신 자신을 보호하십시오.

아, 사람은 한 번 정도는 견딜 수 있습니다. 그렇지 않은가요? 그러나 그가 겨우 두 번 정도 고난당해야 할지라도, 조바심이 나타나 일하기 시작합니다. 이것은 이런 식이 아닙니까? 고난당한 것은 두 번째였다는 것을 그에게 가르친 것은 조바심이었습니다. 영원의 도움을 받는다면, 단 한 번만 고난당합니다.

따라서 저녁이 오면, 다음 날 같은 고난이 시작될 때 당신이 여전히 한 번만 고난당할 수 있도록 낮의 고난이 잊히게 하십시오! 한 해가 끝나갈 때, 다음 해에 같은 고난이 시작될 때, 당신이 여전히 한 번만 고난당할 수 있도록 한 해의 고난이 잊히게 하십시오! 당신의 마지막 시간이 왔을 때, 이 삶의 고난이 잊히게 하십시오! 맞습니다, 이것은 그렇지 않습니까. 고난은 잊힙니다. 그리고 당신은 단 한 번만 고난당합니다!

오, 당신이 누구이든, 평생 동안 지겹도록 고난의 감옥에 갇혀 있는 것처럼 느낄지라도, 아, 마치 우리에 갇힌 동물처럼, 보십시오, 이 죄수가 매일 우리를 서성입니다. 움직이기 위해 사슬의 길이를 재고 있습니다. 당신 또한 죽음과 영원의 생각 앞에 나옴으로써 사슬의 길이를 잰다면, 당신을 견디게 할 수 있는 움직임을 얻게 될 것이고 삶을 위한 열정을 얻게 될 것입니다!

꾹 참고 견디십시오! 그러나 모든 것, 꾹 참고 견디는 것에 대해 말할 수 있는 모든 것은 실제로 본질적으로 이 한 문장에 포함되어 있습니다: **당신이 한 번만 고난당할 수 있도록 영원이 당신을 돕도록 하십시오.**

한 번의 고난은 없는 시간입니다.

Lidelsens ene Gang er ingen Gang.

이것은 속담이 말하는 것과 같습니다: 한 번의 습관은 없는 습관er ingen Gang입니다(한 번으로는 습관이 형성되지 않습니다). 속담이 언급하는 것이 진실한 것인지는 내가 결정할 사항은 아닙니다. 속담이 사실이 아닐 수도 있습니다. 그럼에도 불구하고 속담이 말한 것은 사실입니다. 결국 속담은 영원한 진리가 아니고 일시적인 것들에 대하여만 말할 뿐입니다. 한 번은 없는 시간이라는 것을 **시간과 영원**과의 관계만큼 명확하고 결정적으로 드러내는 것은 없습니다. 이것은 영원히 확실합니다.

영원과 비교할 때, 70년의 세월은 다 무엇인가요! 영원에서 이 모든 고난, 이 한 번은 없는 시간이라는 것이 명백해질 것입니다. 천국에 있는 자들에게 있어서, 자신이 고난 당했다는 것을 알아차리는 것이란 완전히 불가능합니다. 그들이 당한 모든 고난에서 무언가를 인지하기란 불가능합니다. 그 눈에 있었던 모든 눈물은 씻길 것입니다.[19] 그리하여 그 눈은 기쁨으로 환하게 빛납니다. 마음속에 있는 모든 필요는 만족될 것입니다. 그리하여 그 마음은 행복하게 모든 것을 소유하고 거기에서 그것을 소유합니다. (얼마나 복된 소유의 안전인가요!) 거기에서는 어떤 것도 이 기쁨을 빼앗을 수 없습니다. **거기에서** 천국에 있는 자들은 행복하게 말한다: "한 번은 없는 시간입니다."

[20]오직 죄만이 인간의 파멸을 불러옵니다.[21] 즉각적으로 완전하게 극복될 수 없도록, 맞습니다, 영원에서 극복될 수 없도록 사람에게 흔적을 남길 만한 힘을 가집니다. 모든 일시적 고난, 이 한 번의 고난은 없는 시간입니다.

한 번의 고난은 이동, 통과입니다.

Lidelsens ene Gang er en Overgang, en Gjennemgang.

당신은 이 고난을 통과해야 합니다. 이 고난이 인생만큼 길다할지라도, 마음을 찌르는 칼이 된다 할지라도,[22] 그것은 겨우 통과에 불과합니다. 당신을 통과하고 있는 것이 고난이 아닙니다. 당신이 고난을 통과합니다. 영원의 의미에서, 당신은 절대로 다치지 않습니다.

시간에서, 시간의 이해에서, 고난은 끔찍한 것처럼 보입니다. 시각적인 착각에 의해, 고난이 마치 당신을 뚫고 지나가는 것처럼 보일 수 있습니다. 그래서 당신은 고난 속에서 죽어가는 것처럼 보일 수 있습니다. 그러나 오히려 **고난을 통과하고 있는 것은 바로 당신입니다.** 바로 이것이 시각적 착각입니다.

이것은 마치 한 배우가 다른 배우를 죽이는 연기와 같습니다. 이 연기에서 한 배우가 다른 배우를 정확히 찌른 것처럼 보입니다. 그러나 우리 모두가 알다시피, 이것은 그렇지 않습니다. 그는 머리털 하나 상하지 않습니다.[23] 살해당한 배우가 해를 당하지 않고 집으로 돌아가듯이, 다니엘이 해를 당하지 않고 사자 굴에서 나오듯이,[24] 그의 세 친구들이 용광로 속에 걸어 들어가지만 해를 당하지 않듯이,[25] **믿는 자의 영혼도 모든 일시적인 고난에 의해 해를 당하지 않고 영원으로 걸어갑니다. 죽음에 의해 다치지 않습니다.**

모든 일시적인 고난은 신기루입니다. 영원의 의미에서 죽음 자체는 어릿광대입니다! 좀과 동록이 영원의 보물을 소멸할 수 없듯이(이보다 더 불가능한 것이 어디 있겠습니까!), 도둑이 그것을 훔칠 수 없듯이,[26] 일시적인 고난은 그것이 아무리 오래 지속된다 해도, 눈곱만큼도 영혼에 해를 가할 수 없습니다. 어떤 병도, 어떤 기근이나 궁핍도, 어떤 추위나 더위가 아무리 많은 것을 소멸한다 해도, 영혼을 소멸할 수 없습니다. 어떤 중상모략도, 어떤 모욕도 어떤 인격적 공격이나 핍박이 아무리 훔치고 강탈한다 해도, 영혼을 소멸할 수 없습니다. 죽음도 영혼을 소멸할 수 없습니다!

한 번의 고난은 영혼에 어떤 흔적도 남길 수 없는 통과입니다. 아니, 훨씬 더 영광스럽게도, **이 고난은 영혼을 완전히 깨끗하게 하는 통과입니다.** 결과적으로 청결이란, 통과가 뒤에 남겨 놓은 흔적입니다. **금이 불 속에서 깨끗해지듯이, 영혼은 고난 속에서 깨끗해집니다.**[27] 그러나 불은 금에서 무엇을 제거합니까? 이것을 제거한다고 부르는 것은 이상한 말일 수 있습니다. 왜냐하면 불은 금 속에 있는 불결한 요소들만 제거하니까요. 그렇다면, 금은 불 속에서 무엇을 상실하는 걸까요? 이것을 상실한다고 말하는 것은 이상한 말일 수 있습니다. 왜냐하면 금은 불 속에서 모든 비천한 것들을 상실하고 있으니까요. 다시 말해, 금은 불을 통해 이득을 얻고 있습니다.

모든 일시적인 고난도 이와 마찬가지입니다. 고난이 아무리 힘들고, 아무리 오래 지속되더라도, 고난은 본질적으로 무기력합니다. 고난은 불결한 것만 제거할 뿐입니다. 다시 말해, 고난은 청결함purity을 줍니다.

죄가 인간의 파멸을 가져 옵니다. 죄의 동록rust이 영혼을 소멸할 뿐입니다. 혹은 영원히 영혼을 파멸시킵니다. 이 표현은 이상합니다. 왜냐하면 저 고대의 단순한 현자[28]는 영혼 불멸을 증명했으니까요. 또한 영혼의 병(죄)은 몸을 죽이는 몸의 병과 같지 않다는 것을 증명했습니다. 죄는 한 번 겪어야 하는 그런 통과가 아닙니다. 왜냐하면 죄에서는 물러나야 하기 때문입니다. 죄는 순간이 아니라 영원으로부터의 영원한 이탈falling away입니다.

따라서 죄는 한 번이 아닙니다. 한 번의 죄는 없는 시간일 수 없습니다. 저 지옥에 있는 부자와 아브라함의 품에 있는 나사로 사이에는 갈라진 심연이 있듯이,[29] 고난과 죄 사이에는 갈라진 차이가 존재합니다.

이 강화 역시 죄를 고려하고 있기 때문에 고난에 대한 이 강화가 덜 솔직한 것이 되게 하여, 혼란을 만들지 말아야 겠습니다. 죄에 대해 이런 식으로 말하는 한, 덜 솔직한 이 강화는 무모하게 뻔뻔스럽게 되었습니다.

명확히 이것이 진정으로 기독교적인 것입니다. 즉, 혼란스럽게도 악이라 일컫는 것과 악 사이에 무한한 차이가 존재한다는 것. 명확히 이것이 기독교입니다. 즉, 일시적인 고난에 대해 점점 더 솔직하게, 더욱 기쁘게, 더욱 의기양양하게 지속적으로 말하는 것. 왜냐하면 기독교적인 관점에서,

죄가, 오직 죄만이 파멸이기 때문입니다.

[30]단 한 번 고난당하지만 영원히 승리합니다.

당신을 위해 이 차이를 설명해 보겠습니다. 어떤 교회에 가면,[31] 거기에는 그리스도께 고난의 잔을 내밀고 있는 천사를 형상화한 작품이 있습니다.[32] 당신이 그 그림을 본다면, 예술가가 그리기 바랐던 감동impression을 얻게 될 것입니다. 왜냐하면 이것은 이런 식이었으니까요, 곧 고난의 잔, 그것을 그분께 드렸으니까요!

그러나 당신이 하루 종일 이 그림을 보기 위해 제단 옆에 앉아 있었다면, 혹은 매년마다 매주 주일에 이 그림을 보았다면, 오, 아무리 경건하게 그분의 고난을 당신에게 기억나게 할지라도, 그분의 고난을 당신이 계속해서 기억할 수 있도록 기도한다 해도, 당신에게 모든 것이 무한히 바뀌는 순간이 올 것이라는 것이 사실이 아닐까요? 행복하게도 그림은 전복될 것이고 당신은 속으로 말할 것입니다.

"아니야, 확실히 저 그림은 그렇게 오래 지속되지 않았어. 천사는 그분께 저 잔을 계속해서 내밀고 있는 것이 아니야. 주님은 기꺼이 천사로부터 잔을 받았을 거야. 물론 순종하며 하나님의 손으로부터 받았겠지. 주님은 저 잔, 고난의 잔을 비우셨어. 왜냐하면 그분이 당한 고난은 단 한 번이었으니까. 그리고 영원히 승리하셨지!"

반면, 승리 가운데 있는 그분을 생각해 보십시오. 예술가가 이것을 그릴 수만 있다면, 당신이 아무리 오래 앉아 있는다 해도, 당신이 경건하게 매 주일마다 이 그림을 감상한다 해도, 당신이 혼자 속으로 다음과 같이 말할 수 있는 순간이 올 것인지 나는 궁금합니다.

"오, 아니야. 하나님이 찬양받으실지라. 명확히 이것은 영원한 축복이지. 즉, 그분의 승리는 절대 끝이 없다는 것 말이야. 그분의 고난이 단 한 번인 것처럼, 그분의 승리는 단 한 번이지. 그러나 한 번의 승리는 영원하고 한 번의 고난은 순간이야. 확실히 이것은 조바심일 수 있어. 잔이 그분께 드려진 저 그림을 계속해서 볼 수 없는 거야. 그러나 이것은 믿음일 수 있어. 조급하게 돌아서지 않는 거야. 그리고 믿음으로 고난의 저 그림 아래에 승리의 그림을 끼워넣는 거지."

오, 당신 고난당하는 자여, 당신이 누구이든, 매일 하나님과 함께 시작한 것처럼, 저 날에 고난당할 만한 인내를 달라고 그분께 기도함으로 시작했던 것처럼, 오직 한 번만 고난당한다는 것을 기억할 수 있도록 매일 그분께 기도하십시오! 주님이 가르쳐주신 기도에서, 그리스도인은 오늘 매일의 양식을 위해 기도합니다. 우리는 이 간구가 가난한 자들에게 더욱 특별하다고 생각합니다. 왜냐하면 그들은 가난 중에 매일의 양식으로 버텨야 하기 때문입니다.

그러나 또한 이 간구는 당신을 위해 존재합니다. 고난과 관련하여 당신은 처음부터 너무나 많이 고난당했고, 평생 동안 고난당했을 수도 있으니까요. 당신에게 과업은 반전omvendte이며 동일합니다. 곧, 매일의 고난으로 버티는 것. 그래서 언젠가 인생의 종국에서 가난한 사람처럼 말할 수 있습니다.

"나는 잘 헤쳐 나왔고 매일의 양식을 받았지."

당신도 다음과 같이 말할 수 있습니다.
"나는 잘 헤쳐 나왔고 매일의 고난을 받았지."

가난한 자는 잘 헤쳐 나왔고 가난과 잘 싸워 자신을 방어했고, 매일의 양식을 구합니다. 그러나 매일 고난의 풍부함을 잘 헤쳐 나가기란 더욱 어렵습니다. 그러나 이것이 과업입니다. 또한 다음에 나오는 것을 마음에 새기십시오.

이것을 생각해 보십시오. 사람이 평생을 이 땅의 좋은 것들로 가득 채워 절대로 방해받지 않는 즐거움으로 살아간다면, 이것을 생각해 보십시오. 죽음의 순간에 무엇이든지 기억해야 할 아무 것도 없습니다. 기억의 광대한 미래에 접근할 만한 아무 것도 없습니다. 즐거움은 그 순간에만 즐겁습니다. 그 공허함 속에 있는 순간적인 것들처럼, 즐거움은 기억을 위해 어떤 것도 보여주지 못합니다. 결코 영원의 기억을 위해 존재하지 않습니다.

반면에, 고난이 끝나는 것만큼 더 복이 있는 기억은 없습니다. 하나님과 함께 이 고난이 끝난 것만큼 기억하기에 더 복이 있는 것은 아무 것도 없습니다. 이것이 고난의 비밀입니다: 모든 가능한 즐거움으로 살아가는 70년과 무nothing, 영원한 무(모든 가장 두려운 결핍 중에 최고의 결핍입니다! 또한 얼마나 최장의 영속성인가요!)이든가, 고난당하는 70년과 행복한 기억을 위한 영원이든가. 고난이 끝이 났고 하나님과의 언약으로 그 일을 끝냈다는 기억은 얼마나 행복한가요! 가장 행복한 것은, 물론 선한 목적을 위해

당했던 부당한 고난을 기억하는 것입니다. 마치 주님께서 말씀하신 것처럼 말입니다.

"나로 말미암아 너희를 욕하고 박해하고 거짓으로 너희를 거슬러 모든 악한 말을 할 때에는 너희에게 복이 있나니."[33]

이런 식으로 행복하게 고난당하는 것, 얼마나 가장 행복한 기억인가요! 이것은 하나님과의 언약 가운데 견디어야 하는 모든 고난에 해당됩니다. 영원히 이것을 기억하는 자에게 복이 있습니다. 한 번 고난당하지만 영원히 승리합니다. **뒤집는 것**vender, 이것은 얼마나 놀라운가요! 시간이 제압되는 것이라면, 오랜 기간이 한 평생 70년이라는 시간에 속한 것처럼 보여도 겨우 한 번에 불과합니다. 그러나 오랜 기간이 영원에서 다시 나타납니다. 그곳에서, 저 한 번을 기억하는 것은 영원히 오랫동안 복이 있습니다!

참고자료

01 이 강화의 제목과 관련해서는 다음을 참고하라.

주의

그리스도에 대하여 말하는 곳에 온갖 고난이 있다는 생각 속에 어떤 덕을 세우는 일이 있다. 곧, 그분이 고난당한 것은 한 번 받으신 것이다.(히 7:27, 9:12, 26, 28, 10:10-14) 사람은 한 번 고난을 당한다. 반면 승리는 영원하다.(세속적인 방식에서는 이런 이야기가 자주 들린다. 인생을 즐기라. 당신은 한 번만 산다.) -JP IV 4593 (Pap. VIII1 A 31) n.d., 1847

주의

한 번 고난을 당한다. 그러나 영원히 승리한다. 승리하는 한에서, 이것은 역시 한 번이다. 하지만 차이는 한 번의 고난이 순간적이라는 데에 있다.(순간이 70년일지라도 말이다.) 그러나 한 번의 승리는 영원하다. 따라서 한 번의 고난은 70년 동안 지속된다 해도, 그릴 수 없고, 묘사할 수도 없다. 구주 교회(Vor Frelsers)의 제단 위에는 그리스도께 고난의 잔을 바치는 천사를 나타낸 작품이 있다. 문제는 이 작품이 너무 오래 지속되고 있다는 데 있다. 그림은 한 번 그리면 영원히 지속된다. 그림은 끝이 없이 계속되는 것처럼 보인다. 모든 고난은 개념에 의해, 승리의 생각 속에 존재하기에, 이 고난이 순간적이라는 것을 보지 못한다. 하지만 승리는 영원하다.(승리가 영적인 것이 아니라면,) 이것은 묘사될 수 있다. 왜냐하면 그것은 지속되기 때문이다.

한편, 덕을 세우는 일의 첫 번째 인상은 떨림(두려움, terrifying)이다. 덕을 세우는 과업(upbuilding)을 올바르게 이해할 수 있는 시간을 갖는다면, 이 경우 한 번 고난을 당하는 것이 마치 한 번 아픈 것 같다. 하지만 이것은 한 평생이다. 이 세상의 조바심과 지혜는 누군가 고난당하는 자를 위로할 수 있기를 바라지 말아야 한다. 적어도 본질적으로 기독교적인 것에 대해 말하자면, 기독교의 위로는 무엇보다 인간의 조바심이 절망하는 곳에서 시작하기 때문이다. 이것은 본질적으로 기독교적인 것이 얼마나 깊이가 있는지 보여준다. 무엇보다 양심적으로 이 떨림(두려움, terrifying)을 발견하기 위해 노력해야 한다. 그때 다시 한 번 양심적으로 찾으라. 그러면 덕을 세우는 과업(upbuilding)을 발견하게 될 것이다. 아, 대개 우리는 첫 번째 사례에도 양심적으로 노력하지 않을뿐더러, 두 번째도 그렇다. -JP IV 4594 (Pap. VIII1 32) n.d., 1847

02 목적은 수단보다 더 높다. 아마도 이 부분은 칸트를 언급한 것처럼 보인다. 칸트는 수단보다는 목적에 대하여 강조한 바 있다. 선한 목적은 그 자체로 정언명령과 관련이 있다. 정언명령은 그 목적에 의해 절대적으로 행위 하도록 과업을 부과한다. 반면, 어떤 수단으로 특별한 목적을 성취하기 위해 행위 하도록 과업을 부과하는 것은 가언명령이다. 정언명령은 무조건적인 최고의 도덕법칙을 표현하고, 의무를 부과한다. 반면, 가언명령은 도덕적 가치가 없다.

03 키르케고르에게 있어서 "건덕적(upbuilding)"이라는 말은 결정적으로 중요한 의미를 갖는다. 이 단어는 성서의 용어로 옮기자면, "덕을 세운다"는 의미이다. 고린도전서 8장1절을 참고하면 다음과 같다.

"우상의 제물에 대하여는 우리가 다 지식이 있는 줄을 아나 지식은 교만하게 하며 사랑은 덕을 세우나니"

키르케고르는 사랑의 역사 2부에서 이 구절에 대해 집중적으로 다룬다. 이 단어는 헬라어로는 οικοδομεω(오이코도메오)로 신약 성서에서는 이 단어가 약 49번 등장한다. 이 중에서 단어의 용례를 보면, 교회와 관련에서 많이 사용되었다는 것을 알 수 있다. 한 마디로, 키르케고르에게 "건덕적"이라는 말은 교회론에 해당된다. 그가 말하고자 하는 핵심적인 의도 역시 《건덕적 강화》에 소개되고 있다.

'건덕적', '건덕을 위한'이라는 말은 1849년에 출판된 《죽음에 이르는 병》에서 부제로 '건덕을 위한'이란 말을 쓰고 있다. 그는 또한 일기에서 다음과 같이 말한다.

"그것은 '건덕을 위한'이라고 쓰여 있지만, 이것은 '건덕적'이라고 하는 나의 범주, 곧, 시인의 범주보다 높은 것이다. 구아달키비르(Guadalquibir)강이 어디에선가 땅 밑으로 스며들 듯이, '건덕적'이라고 하는 어떤 길이 있다. 그것보다는 낮은 것도 있고(미적인 것), 그것은 가명이며, 또 그것보다 높은 것도 있는데, 그것도 가명이다. 그것은 곧, 나라고 하는 인간 자체가 그것에 어울리지 않기 때문이다."(Pap X1 A 510)

'건덕을 위해' 저술된 《죽음에 이르는 병》은 키르케고르보다 높은 데 있는 안티 클리마쿠스라는 가명의 저자에 의해 저술된 것이다. 이 안티 클리마쿠스는 신앙을 가진 참 그리스도인이기 때문에 '건덕을 위해' 쓸 수 있지만 키르케고르가 자신의 이름으로 낸 《강화》는 이보다 낮은 데에 있기 때문에 '건덕적'인 것 밖에 안 된다는 것이다.

또한 키르케고르는 자신의 이름으로 낸 글들을 '강화(이야기)'라 불렀고 설교라 말하지 않았다. 그는 스스로 겸손을 강조한 것처럼 이 모든 것들은 더욱 자신을 낮추기 위한 전략으로 볼 필요가 있다.

하이데거는 그의 저서 《존재와 시간》의 각주에서 다음과 같이 말했다.

19세기 키르케고르는 실존의 문제를 실존적인 문제로서 명확하게 포착하여 철저한 고찰을 가했다. 그러나 실존론적인 문제성은 그에게는 생소한 것이었기 때문에 그는 존재론적 관점에서, 말하자면

헤겔 및 헤겔을 통해서 볼 수 있었던 고대철학의 지배 밑에 전면적으로 서 있다. 그러므로 키르케고르의 이론적인 여러 사상서보다도 '건덕적'인 여러 저술에서 철학적으로 배울 것이 더 많다. 다만 《불안의 개념》에 대한 저술은 예외이다.

이 말을 통해 우리는 하이데거 역시 키르케고르의 건덕적 강화에서 더 많은 영향을 받았다는 것을 알 수 있다. 키르케고르의 《건덕적 강화》는 기독교의 본질을 담고 있음에도 불구하고 그 당시에도 무시되었고 역시 현재에도 무시되고 있다. 하지만 그의 건덕적 강화는 무엇보다 신학에서 결코 무시될 수 없는 중요한 개념들을 담고 있다.

04 이 단락이 무슨 의미를 지니는가를 더욱 깊이 생각해 볼 필요가 있다 키르케고르는 《자기시험을 위하여》에서 예수 그리스도를 따라가는 길에 대해 비유적으로 설명하는 부분이 있다. 그는 거기에서 사람들이 대단히 은사를 구하며 엄청난 일을 행하기 원하지만 예수 그리스도의 길을 제대로 깨닫기만 한다면 얼굴이 창백해진다는 것이다. 따라서 이 길에서는 오히려 면제되기를 더욱 갈망한다. 나는 키르케고르가 이 부분에서 이런 점에서 서술하고 있다고 확신한다.

05 최종 원고의 여백에서 삭제된 것

....마치 자유롭고 열정적인 이스라엘 사람들[바뀐 것: 유대인들]처럼. 그들은 자유의 외침을 따라 노르웨이의 헌법을 덴마크에 소개하기 원했다. 또한 이 헌법이 나라 밖에서 이스라엘 사람들[바뀐 것: 유대인들]을 바꾸었다는 것을 알지 못했다. 여기에서 우리는 소원하는 자가 전혀 생각한 적이 없는 어려움을 본다.

06 참고자료 01의 JP IV 4594 (Pap. VIII1 32) n.d., 1847을 보라.

07 마가복음 2:17, "예수께서 들으시고 그들에게 이르시되, 건강한 자에게는 의사가 쓸 데 없고 병든 자에게라야 쓸 데가 있느니라. 나는 의인을 부르러 온 것이 아니오, 죄인을 부르러 왔노라 하시니라."

08 시편 51:1, "하나님이 구하시는 제사는 상한 심령이라. 하나님이여, 상하고 통회하는 마음을 주께서 멸시치 아니하시리이다."

09 개암나무 가지로 지하 수맥을 찾을 때 쓰는 막대

10 이 부분은 다음을 참고하기 바란다.

주의

그리스도에 대하여 말하는 곳에 온갖 고난이 있다는 생각 속에 어떤 덕을 세우는 일이 있다. 곧, 그분이 고난당한 것은 한 번 받으신 것이다.(히 7:27, 9:12, 26, 28, 10:10-14) 사람은 한 번 고난을 당한다. 반면 승리는 영원하다.(세속적인 방식에서는 이런 이야기가 자주 들린다. 인생을 즐겨라. 당신은 한 번만 산다.) -JP IV 4593 (Pap. VIII1 A 31) n.d., 1847

11 다음을 참고하라.

히브리서 9:25-26 "대제사장이 해마다 다른 것의 피로써 성소에 들어가는 것을 자주 자기를 드리려고 아니할지니, 그리하면 그가 세상을 창조한 때부터 자주 고난을 받았어야 할 것이로되, 이제 자기를 단번에 제물로 드려 죄를 없이 하려고 세상 끝에 나타나셨느니라."

9:28, "이와 같이 그리스도도 많은 사람의 죄를 담당하시려고 단번에 드리신 바 되셨고 구원에 이르게 하기 위하여 죄와 상관 없이 자기를 바라는 자들에게 두 번째 나타나시리라."

12 미주 01의 JP IV 4594 (Pap. VIII1 32) n.d., 1847을 참고하라.

13 시편 90:10, "우리의 년수가 칠십이요, 강건하면 팔십이라도 그 년수의 자랑은 수고와 슬픔뿐이요, 신속히 가니 우리가 날아가나이다."

14 마태복음 18:21-22, "그 때에 베드로가 나아와 이르되, 주여 형제가 내게 죄를 범하면 몇 번이나 용서하여 주리이까, 일곱 번까지 하오리까? 예수께서 이르시되 네게 이르노니 일흔 번씩 일곱 번까지라도 할지니라."

15 키르케고르에게 있어서 시간과 영원은 이질적이고 섞일 수 없다. 영원은 시간의 연속이 아니다.

16 창세기 1:6-7, "하나님이 이르시되, 물 가운데 궁창이 있어 물과 물로 나뉘라 하시고, 하나님이 궁창을 만드사 궁창 아래의 물과 궁창 위의 물로 나뉘게 하시니 그대로 되니라."

욥기 38:8-11, "바다가 그 모태에서 터져 나올 때 문으로 그것을 가둔 자가 누구냐? 그 때에 내가 구름으로 그 옷을 만들고 흑암으로 그 강보를 만들고 한계를 정하여 문빗장을 지르고 이르기를, 네가 여기까지 오고 더 넘어가지 못하리니 네 높은 파도가 여기서 그칠지니라 하였노라."

17 마태복음 20:1-16의 포도원 품꾼 비유를 참고하라. 집 주인은 한 데나리온을 주기로 하고 아침 6시부터 품꾼을 불러 일하게 한다. 그 후 9시(세 시), 12시, 오후 3시와 5시(11시) 경에도 불러 일하게 했다. 하지만 주인은 일이 끝나고 동일하게 한 데나리온의 품삯을 준다. 이에 먼저 온 자들이 불평한다는 내용이다.

18 이것은 야간 경비원의 외침을 의미한다. 그 당시는 전구가 없었던 시대였고, 아마도 촛불로 인한 화재가 있었던 것으로 보인다. 따라서 잠들기 전에 매일 밤 야간 경비원이 외치며 돌아다녔던 것이다.

19 계시록 7:17, "이는 보좌 가운데에 계신 어린 양이 그들의 목자가 되사 생명수 샘으로 인도하시고 하나님께서 그들의 눈에서 모든 눈물을 씻어 주실 것임이라."

   21:4, "모든 눈물을 그 눈에서 닦아 주시니 다시는 사망이 없고 애통하는 것이나 곡하는 것이나 아픈 것이 다시 있지 아니 하리니 처음 것들이 다 지나갔음이러라."

20 이하의 단락은 다음을 참고하라. 원고의 여백에서:

   아니, 한 번의 고난은 없는 시간이다. 이 고난이 평생 지속된다 해도, 매일이 긴 인생만큼이나 무겁다 해도, 이 고난은 여전히 없는 시간이다. 이 고난이 바깥사람을 파멸시킬 수 있다. 그러나 영혼을 파멸시킬 수 없다. 따라서 한 번의 고난은 없는 시간이다.[*] 죄만이 인간의 파멸이다. 다른 모든 것들은 아무 것도 아닌 것으로 여길 수 있다. 그러나 지옥의 부자와 천국의 가난한 사람 사이에 갈라진 심연이 있듯이, 고난과 죄의 고난 사이에는 갈라진 심연이 있다. 평생 고난이 있다 하더라도 단 한 번 고난당하는 데에 복이 있다. 그러나 또한 단 한 번 죄를 지은 자에게 화가 있을지라! 왜냐하면 영원은 그것을 이런 식으로 이해하지 않을 것이기 때문이다. 슬프다, 사람은 수 없이 많이 죄를 지을 수가 있다. 그가 매번 죄를 새로 지을 때마다, 그것은 새로운 시간이다. 영원은 이렇게 이해한다.[**] 고난당하는 자는 영원을 붙들고 있고 따라서 단 한 번 고난당한다. 그러나 죄를 짓는 자는, 그가 죄를 지을 때마다, 영원과의 관계를 깨고 그것은 새로운 시간이 된다.

[*] 여백에서: 그리고 우리가 길을 잃지 말자. 가장 무거운 고난에 대한 이 기쁜 강화에서 하나님을 조롱하지 말자.

[**] 여백에서: 오직 죄만이[바뀐 것: 영원] 사람에게 흔적을 남기는 힘이 있다. 그래서 즉각적으로, 완전하게 죄에서 회복하지 못한다. 아마도 결코. 영원에서-모든 일시적인 고난은 아무것도 할 수 없다. -Pap. VIII2 B 100:1 n.d., 1847-48.

21 잠언 14:34, "공의는 나라를 영화롭게 하고 죄는 백성을 욕되게 하느니라."

22 누가복음 2:35, "또 칼이 네 마음을 찌르듯 하리니, 이는 여러 사람의 마음의 생각을 드러내려 함이니라 하더라."

23 누가복음 21:18, "너희 머리털 하나도 상하지 아니하리라."

24 다니엘서 6:10-24를 참고하라.

25 다니엘서 3:8-27을 참고하라.

26 마태복음 6:19-20, "너희를 위하여 보물을 땅에 쌓아 두지 말라. 거기는 좀과 동록이 해하며 도둑이 구멍을 뚫고 도둑질하느니라. 오직 너희를 위하여 보물을 하늘에 쌓아 두라. 거기는 좀이나 동록이 해하지 못하며 도둑이 구멍을 뚫지도 못하고 도둑질도 못하느니라."

27 말라기 3:3, "그가 은을 연단하여 깨끗하게 하는 자 같이 앉아서 레위 자손을 깨끗하게 하되, 금, 은 같이 그들을 연단하리니 그들이 공의로운 제물을 나 여호와께 바칠 것이라."

28 소크라테스이다. 다음을 참고하라. Plato, Republic, 608 d-611 a; Platonis quae exstant opera, I-XI, de. Friedrich Ast (Leipzig: 1819-32; ASKB 1144-54), V. pp. 78-85; The Collected Dialogues of Plato, ed. Edith Hamilton and Huntington Cairns (Princeton: Princeton University Press, 1963), p. 833-36.

29 누가복음 16:19-31을 참고하라.

30 미주 01의 JP IV 4594 (Pap. VIII1 32) n.d., 1847을 참고하라.

31 코펜하겐에 있는 구주(Vor Frelsers) 교회이다.

32 누가복음 22:43, "천사가 하늘로부터 예수께 나타나 힘을 더하더라.".

33 마태복음 5:11, "나로 말미암아 너희를 욕하고 박해하고 거짓으로 너희를 거슬러 모든 악한 말을 할 때에는 너희에게 복이 있나니"

Chapter
2

환난이 소망을
빼앗는 것이 아니라
소망을 구해오는[01] 기쁨[02]

Det Glædelige i: *at Trængselen ikke berøver men forhverver
Haab

소망 얻기

이런 식으로 소망을 얻는 것erhverve, 얼마나 놀라운 점령인가요! 상인이 자신의 가게에 어떤 사람도 들어오지 못하게 하고서도 부자가 되는 것만큼 놀라운 일이 어디 있겠습니까! 나그네가 잘못된 방향으로 안내를 받고서도 목적지에 도착하는 것만큼 놀라운 일이 어디 있겠습니까!

오, 당신은 종종 삶이 너무 시시하고, 의미 없고, 절대적으로 즐거움이 부족하다고 불평합니다. 그러나 이 생각만으로도 즐거움은 영원을 위해 충분하다고 봅니다!

오, 당신은 종종 삶이 너무 공허하고, 지루하다고 불평합니다. 그러나 긴장을 좀 풀어 봅시다. 이 생각만으로도 흥분은 영원을 위해 충분하다고 봅니다!

오, 작가들은 종종 이야기 속에 변장한 인물을 묘사할

때가 있습니다. 결정적 순간에, 그는 겉으로 보이는 모습과는 완전히 다른 인물로 판명이 납니다. 그러나 이것과 관련하여 볼 때, 모든 작가들이 만든 작품들은 영원에 의해 고안된 이 변장과 비교하면 어린 아이의 장난처럼 보입니다. 소망을 공급해야 할 임무를 맡고 있는 환난이 그렇습니다!

혹은 어떤 동화 같은 이야기나 시에서 보면, 악당으로 나와야 하는 사람이 있습니까?(그럼에도 그는 근본적으로 선합니다.) 그때, 그는 환난만큼 끔찍한 것처럼 보입니다. 그때, 소원을 구해오는 것forhverver은 '환난'입니다! 아무리 도둑이 심장부를 겨냥한다 해도, 도대체 어떤 도둑이 환난이 소망을 겨냥하는 것만큼이나 심장부를 찔러 충격을 가할 수 있습니까! 그렇습니다, 소망을 구해오는 것은 환난입니다!

얼마나 놀라운가요! 환난이 소망을 주는 것이 아니라 소망을 구해온다니요. 따라서 환난이 그 변장을 벗어던지고, "나는 다만 너를 놀라게 해주고 싶었던 거야. 그래, 너는 소망을 얻었지."라고 말하는 것은 결정적인 순간이 아닙니다. 아니오, 환난이 소망을 구해옵니다. 그래서 환난이 계속되었던 것입니다. 또한 이것은 환난이 일하고 있는 방식입니다. 이 의도적인 느림 가운데, 환난은 고난당하는 자를 위해 소망을 획득할 수 있도록 유일하고도 단순하게 일하고 있었던 것입니다.

그래요, 우리가 마음의 저 깊은 곳부터 이런 사실로 놀랍시다! 우리가 이 시대에 망각했던 것이 있다면, 그것은 놀라는 것입니다. 따라서 그것은 믿는 것, 소망하는 것, 사랑하는 것입니다. 최고의 것, 가장 놀라운 것이 선포되지만, 누구도 놀라지 않습니다. 죄의 용서가 선포되지만 아무도 "그것은 불가능해."라고 말하지 않습니다. 누구도 실족하여 돌아서면서 "이것은 불가능해."라고 말하지 않습니다.

하물며 이것을 놀라움으로 말하겠느냔 말입니다. 혹은 이것이 사실이기를 바라지만 감히 믿을 수 없다고 말할 사람이 누가 있느냔 말입니다. 이것을 놓치기 바라지 않지만 누가 불행하게도 감히 그가 믿을 수 없는 이 선언을 사랑하겠느냔 말입니다.

하물며 다만 그것을 믿는다고 말할 사람이 있을까요?[03] 과연 그의 회개는 행복한 기쁨으로 바뀔 조용한 슬픔으로 진정되겠느냔 말입니다. 따라서 형용할 수 없는 감사를 하나님께 표현하며 "이것은 불가능해."라는 말을 반복하면서 그의 영혼을 새롭게 하는 일이 일어나겠느냔 말입니다.

오, 이 복된 상쾌함이여, 이것은 불가능하기 때문에 절망에 빠진 자가 지금 그것을 믿습니다, 행복하게 그것을 믿습니다. 그러나 그의 영혼은 놀라워하며 계속 말합니다.

"이건 불가능해!"

물론, 우리 모두는 그가 말할 때에는 아무도 비웃지 않았지만, 다른 사람이 말했을 때 모든 사람들이 비웃었던 이야기를 들은 적이 있는 어떤 사람에 대해 알고 있습니다. 왜냐하면 우리가 알다시피, 그는 가장 중요한 점을 잊었기 때문입니다.[04]

그러나 이 시대에 어떤 사도가 살고 있다고 상상해 보시기 바랍니다. 이 사도는 놀라운 이야기를 올바로 전하는 방법을 알고 있습니다. 그의 슬픔을 상상해 보십시오. 그의 속에 있는 성령의 근심을 상상해 보십시오.[05] 그때, 그는 다음과 같이 말해야 할 것입니다.

"아무도 놀라는 사람이 없구나. 그들은 그렇게 이 이야기를 무관심하게 듣고 있구나. 이것은 모든 것들 중에서 가장 시시한 것처럼 보이는구나. 어떤 사람도 이것을 자신에게 적용하지 않는다. 어떤 사람도 이것이 그들에게 중요하지 않다. 대단히 중요한 아무것도 없다. 이것이 가능하든 불가능하든, 이것이 그렇든 그렇지 않든, 진실이든 거짓말이든!"

그때, 우리가 처음처럼 이것에 대해 놀랍시다. 환난이 소망을 구해 온다는 것 말입니다. 영혼이 놀라게 할 수 있도록 해봅시다. 시편 작가가 그의 영혼에 불렀던 대로 우리도 이것을 불러봅시다. "비파야, 수금아, 깰지어다."[06] 그때, 우리가 이것에 대하여 말해봅시다.

환난으로 인해 소망을 빼앗기는 것이 아니라 소망을 얻는 기쁨

누가 꿈꾸는 자인가요

어린 시절과 젊은 시절의 삶의 특징이 무엇인지 한 마디로 나타내려 한다면, 확실히 '꿈꾸는 삶'이어야 할 것입니다. 우리 역시 동일하게 말합니다. 예를 들어, 어른들은 얼마나 자주 이 슬픈 말을 반복했던가요!

"나의 어린 시절과 젊은 시절의 꿈들은 사라지고 말았지."

그것들은 사라지고 말았습니다. 왜냐하면 아마도 **꿈꾸는 사람이 사라지고 없어졌기 때문**입니다. 꿈꾸는 자가 사라졌는데 꿈이 있을 수 있겠습니까! 그러나 도대체 무슨 권리로 우리는 그 시절을 '꿈꾸는 삶'이라고 부르나요? 도대체 무슨 권리로 아이들과 젊은이를 마치 잠든 사람처럼, 몽유병 환자처럼 취급합니까?

다른 의미에서, **아이는 어떤 어른도 깨어있지 않은 방식으로 깨어 있습니다.** 아이의 감각은 모든 느낌^impression^에 열려 있습니다. 아이는 순전한 삶이요, 운동입니다. 하루 종일 불순물이 섞이지 않은 관심입니다. 젊은이 역시 어른은 거의 불가능할 정도로 깨어 있습니다. 젊은이의 마음은 처음부터 마지막까지 요동칩니다. 열정으로 꿈틀거립니다. 그래서 이따금 그는 거의 잠을 잘 수 없었던 것입니다.

그렇지만 어린 시절과 젊은 시절의 삶은 꿈꾸는 삶입니다. 왜냐하면 가장 심오한 의미에서 **사람 속에 있는 속사람**은 잠을 자고 있기 때문입니다. 아이는 완전히 밖을 향해 방향을 돌렸고, 아이의 내면성은 외면성입니다. 그 정도로 아이는 넓게 깨어 있습니다.

그러나 **사람이 깨어 있는 것이란 내면성에서 영원히 내면을 향하는 것입니다. 따라서 아이는 꿈을 꾸고 있습니다.** 아이는 모든 것들과 함께 감각적으로 스스로 꿈을 꿉니다. 아이는 자기 자신과 감각적인 느낌을 헷갈려 하는 것 같습니다. 아이와 비교할 때, 젊은이는 조금 더 내면적으로 방향을 돌립니다. 그러나 상상 속에서 그렇습니다. 스스로 꿈을 꾸고 있거나, 그에게서 모든 것이 그를 꿈꾸게 하는 것 같습니다.

반면에, 영원의 의미에서 내면을 향해 방향을 돌린 사람은 영spirit에 속한 것[07]만 인식할 뿐입니다. 감각적인 인식과 관련하여, 그것이 혈과 육Kjød og Blods[08]이든, 시간과 상상이든, 그는 마치 꿈꾸고 있는 사람과 같습니다. 그는 부재중이고, 이미 죽었습니다. 그 속에 영은 깨어 있고 더 비천한 본성은 잠을 잡니다. 따라서 깨어 있습니다.

'꿈꾸는 삶'이라는 용어는 더 고상한 부분과 연결되어 있습니다. 깨어 있는 사람에게 영은 깨어 있는 반면, 잠을 자고 있는 무언가 존재합니다. 다시 말해, 비천한 본성입니다. 아이와 젊은이에게 잠을 자고 있는 것은 영이고 비천한 본성은 깨어 있습니다. 그렇지만 깨어 있는 것이 영의 숙명 Bestemmelse이므로, 저 삶을 '꿈꾸는 삶'이라 합니다.

그러나 꿈꾸고 있는 사람은 깨어야 합니다. 잠을 자고 있는 상태가 더욱 깊을수록, 혹은 깊이 잠을 잘수록, 그가 깨는 것은 더욱 중요합니다. 그는 더욱 힘차게 깨어 있어야 합니다. 젊은이를 깨워야 하는 것이 아무것도 없다면, 이 삶은 어른까지 계속 갈 것입니다. 확실히 그는 더 이상 꿈꾸고 있지 않다고 생각할 것입니다. 어떤 의미에서 꿈을 꾸지 않습니다. 아마도 그는 젊은이의 꿈을 경히 여기고 경멸합니다. 그러나 이것은 명확히 그의 삶이 유산되었다는miscarried 것을 보여줍니다.

어떤 의미에서 그는 깨어 있습니다. 그러나 그는 영원의 의미에서나 가장 심오한 의미에서 깨어 있지 않습니다. 그리하여 그의 삶은 젊은이의 삶보다 훨씬 더욱 가난합니다. 그의 삶은 경멸적입니다. 왜냐하면 열매 맺지 못하는 나무가 되었거나 마치 죽은 나무처럼 되었기 때문입니다. 반면 젊은이의 삶은 경멸받지 말아야 하기 때문입니다.

어린 시절과 젊은 시절의 꿈꾸는 삶은 꽃피우는 시간입니다. 그러나 열매 맺어야 하는 나무의 경우, 꽃피는 시간은 언제나 미성숙입니다. 한 때는 벌거숭이로 있던 나무가 꽃을 피우고 그 꽃을 벗어던질 때, 그것은 퇴보인 것처럼 보이나, 그것은 또한 진보일 수 있습니다. 꽃을 피우는 시간은 아름답습니다. 아이와 젊은이에게서 꽃피울 수 있는 소망은 아름답습니다. 그러나 그것은 미성숙입니다.

그때, 꿈꾸는 자를 깨우는 환난hardship**이 옵니다. 환난은 폭풍처럼 꽃을 갈기갈기 찢어버립니다. 그럼에도 불구하고 환난은 소망**hope, Haab**을 빼앗는 것이 아니라 구해옵니다.**

그때 소망은 어디에 있습니까? 소망은 환난의 돌진하는 강풍 속에 있습니까? 아니오, 하나님의 목소리는 돌진하는 강풍 속에 있는 것이 아니라 부드러운 미풍 속에 있는 것만큼 약합니다.[09] 마찬가지로, 소망, 영원의 소망은 부드러운 미풍과 같습니다. 속사람 속에 있는 속삭임과 같습니다. 영원의 소망은 무시하기에 딱 좋습니다.

그러나 그때 환난은 무엇을 원하나요? 환난은 속사람 속에 있는 속삭임을 낳기 바랍니다. 그러나 환난은 자신에게 불리하게 일하는 것이 아닌가요? 환난의 폭풍 때문에 이 소리는 파묻혀야 하는 것은 아닌가요? 아니오, 환난은 모든 이 땅의 소리를 파묻을 수 있습니다. 환난은 다만 그것을 하게 되어 있습니다. 환난은 내면의 깊숙한 곳에 있는 영원의 이 소리를 파묻을 수 없습니다. 혹은 **반전**omvendte입니다. **환난은 들려지기를 바라는 내면 속의 영원의 소리입니다.** 들을 수 있도록 하기 위해, 이 소리는 환난의 소음을 활용합니다. 모든 관련 없는 소리들이 환난의 도움으로 침묵하게 될 때, 내면의 이 소리가 들려질 수 있는 것입니다.

오, 당신, 고난당하는 자여, 당신이 누구이든, 당신에게 전해진 것을 받으십시오! 사람들은 생각하기를, 길을 막고 있는 것, 행운과 평화와 기쁨을 훼방하고 있는 것은 세상이다, 환경이다, 혹은 상황이라 말합니다. 그러나 근본적으로 그 길을 막고 있는 것은 자기 자신일 뿐입니다. 이 세상과 환경과 상황과 처지에 그렇게 밀착되어 묶여 있는 자는 자기 자신일 뿐입니다. 그래서 그는 정신 차릴 수 없었고, 쉼을 찾을 수 없었고, 소망을 구할 수 없었던 것입니다. 그는 내면으로 방향을 돌리는 대신에 언제나 너무 많이 밖을 향해 방향을 돌렸던 것입니다.

따라서 그가 말한 모든 것은 착각 속에서만 사실입니다. 그 사람은 스스로 적들과의 관계를 유지하고 있습니다. **그 관계가 젊은이의 소망입니다.**

그러나 **환난은 소망을 빼앗습니다.** 당신은 확실히 이것을 스스로 경험한 적이 있습니다. 그렇지 않은가요? 이 애매한 경험과의 관계를 포기하지 않았을지라도 말입니다. 당신이 이번에 성공하지 않았다면, 적어도 다음번에는 성공하기를 소망했습니다. 지난번이 아니었다면, 그때 그 다음번을 소망했습니다. 당신의 모든 불행에 대한 보상으로, 다음번에는 약간의 손해배상을 받을 수 있기를 소망했습니다. 38년 동안 사지가 마비된 자에게 뜻밖의 도움이 왔던 것처럼,[10] 당신은 그런 도움이 올 수 있기를 소망했습니다. 그의 구원이 가까이 있었지만 언제나 먼저 왔던 다른 한 사람이 있었습니다. 다른 모든 친구들을 포기한 후, 당신은 마침내이 친구에게 소망을 둡니다. 그러나 환난은 계속됩니다.[11]

환난은 소망을 구해옵니다.

　　<u>환난이 소망을 주는 것이 아닙니다.</u> **환난은 소망을 구해옵니다**procure, forhverve. <u>소망을 얻는</u>aquire, erhverve 자는 자기 자신입니다. 영원의 소망은 그에게 심겨지고 그의 속사람 속에 숨겨집니다. 그러나 환난은 그것을 구해옵니다.

환난은 잔인하게(네, 철없는 아이의 관점에서 보면 잔인합니다) 그가 무엇이든 다른 어떤 도움이나 지원도 얻지 못하도록 막습니다. 환난은 잔인하게(네, 젊은이의 관점에서 보면 잔인합니다) 그에게 쥐고 있는 다른 모든 것을 놓으라고 강요합니다. 환난은 잔인하게(그렇습니다, 미성숙한 자의 관점에서 보면 잔인합니다) 그에게 과업을 맡깁니다. 그래서 그가 영원을 이해하고 붙잡는 법을 배울 수 있도록 효과적으로 과업을 맡깁니다.

환난은 **직접적으로**directly 도움을 주지 않습니다. 소망을 얻거나 사서 그 사람에게 그것을 제시하는 무언가가 있는 것이 아닙니다. 환난은 **반발하면서**repellingly 도와줍니다. 다른 것은 할 수가 없습니다. 왜냐하면 <u>소망은 그 사람 자신 안에 있기 때문입니다</u>. 환난은 일깨움을 위해 설교합니다.

아, 불행하게도 사람들은 종종 너무 둔합니다. 그래서 강력한 생각들의 공포도 별로 도움을 주지 못합니다. 환난이 자신을 더 잘 이해시킬 수 있습니다. 유머와 다르게, 환난의 웅변은 단 한 번만 때리는 것이 아닙니다. 우리가 막대기에 대해 말할 때, 그것은 때릴 수 있는 능력을 갖고 있습니다. 그것은 막대기가 갖고 있는 영원한 특성입니다.

사람들은 마치 호언장담에 보험을 든 것처럼 직접적인

메시지를 듣고 싶어합니다. 이것은 달콤합니다. 그것이 다른 어떤 것으로도 바뀌지 않을 때, 가장 달콤합니다. 그렇지만 환난은 농담하지 않습니다. 환난이 소망을 구해오는 자신의 일을 시작할 때, 잠시나마 정신 나간 것처럼 보일 수 있습니다. 거지를 공격하고, 그의 가슴에 권총을 겨누고, "네 돈을 내놔!"라고 위협하는 것처럼 말입니다.

아, 고난당하는 자는 소망에 대하여 절망할 것 같습니다. (즉, 젊은이의 소망입니다.) 그는 오히려 이 소망을 붙잡고 싶습니다. 그도 그렇게 말합니다. 바로 그때, 환난이 그를 공격하고 소망을 요구합니다. (즉, 영원의 소망입니다.)

환난은 선물인 소망과 함께 오는, 축하받는 방문객이 아닙니다. 환난은 나쁜 자입니다. 그는 잔인하게(네, 철없는 아이의 관점에서 보면 잔인합니다) 고난당하는 자에게 말합니다.

"나는 너를 위해 소망을 구해올 거야. 그것이면 충분하다고!"

악당처럼 보이는 자는 사람들에게 어떤 감사도 받지 못하고, 어떤 사람도 그를 알기 위해 시간을 내지 않습니다.

그가 일을 그렇게 잘 수행할 수 있다니, 얼마나 훌륭합니까. 어떤 탄식과 울부짖음에도, 어떤 감언의 간청에도 흔들리지 않는다니, 얼마나 훌륭한가요.

환난이 마치 이와 같습니다. 환난은 틀림없이 비난받습니다. 아픈 환자가 고통 가운데 신음하며 의사를 야단치고 고함지를 때, 심지어 의사를 발로 찰 때도, 그것이 의사를 괴롭히지 못하는 것처럼, 이것 또한 환난을 괴롭히지 못합니다. 하나님을 찬양합시다. 환난은 이런 것에 관심이 없습니다.

환난은 소망을 구해옵니다. 기독교는 진리가 고난당해야 하는 모든 반감과 핍박, 불의를 통해 정의가 존재한다는 것을 입증하듯이(결론에 도달하는 얼마나 놀라운 방식인가요!), 환난의 극한 상황에서도 마치 이와 같습니다. 환난이 가장 끔찍하게 압박할 때, 거기에는 이런 결론, 이런 '그러므로^{ergo}'가 존재합니다: '그러므로' 거기에는 소망을 품을 만한 영원이 존재합니다.

평범한 환경 속에 숨겨져 있는 보물 상자를 상상해보십시오. 거기에는 가장 귀중한 보물이 들어 있습니다. 그 상자에는 틀림없이 압력을 가하고 있는 용수철이 있습니다. 그러나 그 용수철은 숨겨지고 우연히 압력을 가해도 열 수 없을 만큼 큰 압력이 가해져야 합니다. 영원의 소망도 같은 방식으로 사람의 속사람 안에 숨겨집니다. 여기에서는 환난이 압력입니다. 숨겨진 용수철에 압력이 가해질 때, 그 압력이 충분하다면, 그 속에 있던 내용물은 영광 중에 나타납니다!

땅에 심겨져 있는 곡식의 알맹이를 상상해 보시기 바랍니다. 그것이 자라나려면 무엇이 필요한가요? 무엇보다 공간입니다. **공간**이 있어야 합니다. 다음으로, **압력**입니다. 또한 압력이 있어야 합니다. 싹이 튼다는 것은 압력을 극복하고 공간을 확보하는 것입니다. **같은 방식으로 영원의 소망은 사람의 속사람에 심겨집니다.** 그러나 환난이 다른 모든 것들, 절망을 불러왔던 모든 일시적인 것들을 한쪽으로 치워 놓고 공간을 확보합니다. **따라서 환난의 압력은 격려하는 것입니다!**

흔한 일로 동물을 상상해 보십시오. 동물은 스스로를 방어하기 위한 방어무기를 갖고 있습니다. 그러나 이 무기는 치명적인 위험에서만 사용합니다. 같은 방식으로 영원의 소망도 사람의 속사람 안에 있습니다. 그때, 환난은 치명적인 위험입니다!

기어가는 동물을 상상해 보십시오. 그러나 그 동물은 극한의 상황이 생기면 활용할 수 있는 날개를 갖고 있습니다.

그러나 일상생활에서는 그것을 사용할 만한 어떤 어려움도 발견하지 못합니다. **같은 방식으로 영원의 소망도 사람의 속사람 안에 있습니다.** 그는 날개를 갖고 있습니다. 그러나 날개를 발견하기 위해, 날개를 발달시키고 그것을 사용하기 위해서는 **극한의 상황**이 일어나야 합니다!

강퍅한 범죄자를 상상해 보십시오. 그는 법정에서 어떤 현명함이나 친절한 말로 자백하는 것이 아닙니다. 아니오, **고문의 형벌**로 그의 자백을 힘들게 뽑아낼 수 있습니다. **같은 방식으로 영원의 소망은 사람의 속사람 안에 있습니다.** 자연적인 사람은 자백하기를 싫어합니다. 자백한다 하더라도 마지못해 합니다. 아이와 젊은이들의 의미에서, 그는 소망하기를 원합니다. 그러나 영원의 의미에서 소망은 극한의 고통스러운 노력에 의해 길들여집니다. 자연적인 사람은 자기가 원해서 결코 그런 노력에 복종하지 않습니다.

사람은 고통 중에 태어나지만, 훨씬 더 큰 고통 가운데 거듭나 영원에 이릅니다. 그러나 양자의 경우에 있어 비명 소리는 그만큼 작다는 것을 의미합니다. 왜냐하면 그 소리가 돕고 있으니까요. 환난은 있어야만 하고, 그때 고백을, 소망의 고백을 뽑아낼 수 있는 것입니다.

혹은 고집 센 증인을 상상해 보십시오. 그는 증언을 거부합니다. 모든 인간은 결국 영원과 관계하고 있는 증인이 되어야 합니다. 영원에 대해 증언해야 합니다. 환난은 그를 내버려두지 않습니다. 왜냐하면 그가 증언을 거부하고 있기 때문입니다. 허구한 날 환난은 점점 더 무겁게 벌금을 부과하고 있습니다. 순응에 실패한 벌금입니다. 그가 증언할 때까지 그렇게 될 것입니다.

혹은 시에서 읽은 것처럼 사악한 여인을 상상해 보십시오. 그녀는 치료법을 알고 있으나, 사악하게도 계속해서 잘못된 충고를 합니다. 결국 화형당할 때, 몇 마디가 튀어나옵니다. **같은 방식으로 영원의 소망은 자연적인 사람의 속사람 안에 있습니다.** 그러나 그는 자신의 선을 원치 않습니다. 따라서 올바른 것이 나오기를 원치 않을뿐더러 다른 사람이 말하는 것도 듣기 싫어합니다. 하물며 환난이 그에게서 그것을 뽑아냄으로써 그를 구원할 때까지, 그가 말하겠습니까!

이것이 환난이 소망을 구해오는 방식입니다. 그러나 그때 그 결과 환난이 멈추나요? 이 전체는 고통스러운 과정인가요? 아니오, 반드시 그런 것은 아닙니다. 일단 영원이 원하는 것을 환난이 성취했을 때, 그 관계는 올바르게 조절됩니다. **압력은 계속되지만 끊임없이 역으로**omvendt **자신이 소**

<u>망이었다는 것을 알립니다.</u> 자신을 소망으로 바꿉니다. 다시 말해, 압력은 저 지하에 숨겨집니다. 분명히 드러나는 것은 소망입니다. 압력은 생각 속에 암시되어 있을 뿐입니다. 즉, 압력은 압력을 가할 수 있으나, 압력을 가한다는 것은 또한 높이 올리는 것을 의미합니다.

당신은 분출되는 물을 보고 있습니다. 물은 공중에 높이 솟아오릅니다. 당신은 압력을 보는 것이 아닙니다. 혹은 거기에 압력이 있는 것을 보는 것이 아닙니다. 압력 때문에 이런 일이 일어나는 것을 보는 것도 아닙니다. 낙담하게 만드는 압력도 있으나 높이 올리는 압력도 있습니다.

도움받기를 영원히 거부하는 사람만이 환난이 낙담시킬 수 있는 사람입니다. <u>**환난은 그것을 원하는 사람을 압력을 가해 높이 들어올립니다.**</u> 영원의 소망을 품기 원치 않는 사람만 환난이 소망을 빼앗을 수 있는 자입니다. 이 소망을 원하는 사람을 위해, 환난은 소망을 구해옵니다.

환난은 이와 같습니다. 인생에서 환난과 더불어 결정적인 파멸을 가져오는 단 한 가지의 위험이 있습니다. 그것은 죄입니다. 왜냐하면 죄는 인간의 타락이니까요. 맞습니다, 환난은 여태껏 사람들이 경험한 것 중에서 가장 끔찍하다 하더라도, 소망을 구해옵니다.

참고자료

01 이 부분은 덴마크어로 forhverve(소망을 얻는)라는 단어가 사용되었다. 대부분의 덴마크어 사전에서 이 단어를 찾으면, erhverve을 보라고 나온다. 덴마크어 사전에서 알 수 있는 것은, 이 단어들이 비슷한 의미로 사용되고 있다는 것이다. 하지만 키르케고르는 임의로 이 단어의 차이를 구분하고 있다. 따라서 번역에서도 가능하면 이 의미를 구분해서 제시하고자 한다. 참고: https://ordnet.dk/ods/ordbog?query=forhverve

02 로마서 5:3-5, "다만 이뿐 아니라, 우리가 환난 중에도 즐거워하나니 이는 환난은 인내를, 인내는 연단을, 연단은 소망을 이루는 줄 앎이로다. 소망이 우리를 부끄럽게 하지 아니함은 우리에게 주신 성령으로 말미암아 하나님의 사랑이 우리 마음에 부은 바 됨이니"

03 이 부분은 누가복음 24:36-49를 암시하고 있다. 제자들은 부활하신 그리스도를 만났으나 놀라워하며 믿지 못한다.

04 이 부분은 덴마크의 철학자이자 언어학자였던 Børge Thorlacius를 언급한 것이다. 그는 1775년 5월 1일 콜딩에서 태어났고 1829년 사망했다. 그에게는 다음에 나오는 일화가 있었다. 그는 어느 날 여름 저녁 코펜하겐을 향해 마차를 타고 여행을 떠났다. 그러는 동안 그린란드어로 된 큰 책을 집중하여 보고 있었다. 하지만 한참을 가다가 말이 그만 그를 떨어뜨리고 말았다. 하지만 이 박식한 사람은 도랑에 누워 계속해서 책을 읽고 있었다. 마치 아무 일도 없었던 것처럼 말이다. 우연히 마차 옆을 지나가던 지인이 한 의원을 와보라고 했다.

그때 이 교수는 방해를 받아 짜증이 난 것처럼 말했다.

"어쨌든, 감사합니다. 보다시피, 저는 마차를 타고 있죠."

이 일화는 한 때 코펜하겐의 지식인 사회에 널리 알려져 있었다. 사람들이 이 이야기를 들으며 웃고 있는 동안, 한 낯선 사람이 와서 왜 웃는지 알고 싶어 했다. 한 유대인이 이 일화를 다시 소개했으나, 왜 이 교수가 마차에서 떨어졌는지 중요한 점을 잊고 말았다. 그래서 이 낯선 사람은 이 이야기가 어떻게 우스꽝스런 이야기인지 다시 물었다. 이 유대인이 대답했다.

"그렇지요, 우스꽝스러운 것은 아무 것도 없습니다. 다만 다 같이 함께 있을 때 이야기를 들으면 그냥 웃어야 합니다."

이 이야기는 익명의 작품에서 전해진다. 다음을 보라. Schilderungen und Begebnisse eines Vielgereisten der ausruht bd. 1-3, Leipzig 1833; bd. 2, s. 89-92. 키르케고르는 다양한 방법으로 이 일화를 소개하고 있다. 「인생길의 여러 단계」, 「비학문적 후서」, 「사랑의 역사」 등에서 언급되고 있다.

05 에베소서 4:30, "하나님의 성령을 근심하게 하지 말라. 그 안에 너희가 구원의 날까지 인치심을 받았느니라."

06 시편 108:2, "비파야, 수금아, 깰지어다. 내가 새벽을 깨우리로다."

시편 57:8, "내 영광아, 깰지어다. 비파야, 수금아, 깰지어다. 내가 새벽을 깨우리로다."

07 마태복음 16:23, "예수께서 돌이키시며 베드로에게 이르시되 사탄아 내 뒤로 물러 가라. 너는 나를 넘어지게 하는 자로다. 네가 하나님의 일을 생각하지 아니하고 도리어 사람의 일을 생각하는도다 하시고"

08 혈과 육은 신약에서 사람을 가리키는 고정된 표현이다. 예를 들어, 다음을 참고하라. 마.16:17, 갈 1:16, 엡 6:12

09 열왕기상 19:11-13, "여호와께서 이르시되, 너는 나가서 여호와 앞에서 산에 서라 하시더니, 여호와께서 지나가시는데 여호와 앞에 크고 강한 바람이 산을 가르고 바위를 부수나 계시지 아니하며, 바람 후에 지진이 있으나 지진 가운데에도 여호와께서 계시지 아니하며, 또

지진 후에 불이 있으나 불 가운데도 여호와께서 계시지 아니하더니 불 후에 세미한 소리가 있는지라. 엘리야가 듣고 겉옷으로 얼굴을 가리고 나가 굴 어귀에 서매 소리가 그에게 임하여 이르시되 엘리야야 네가 어찌하여 여기 있느냐?"

10 요한복음 5:4, "이는 천사가 가끔 못에 내려와 물을 움직이게 하는데 움직인 후에 먼저 들어가는 자는 어떤 병에 걸렸든지 낫게 됨이러라."

11 원고의 여백에 보면 다음과 같다.

환난은 소망을 구해온다. 환난은 더 고차원적인 힘의 섬김을 받고 있다. 환난은 영원한 것을 얻기 위해 사람 안에 있는 영원이 시간과 전쟁을 벌이도록 하는 끔찍한 주최자(terrible host)이다. 이것은 우연한 이유로 중단되거나 중단될 정도로 그 힘을 다 소진할 수 있는 그런 두 세력 간의 전쟁과 같지 않다. 아니, 영원은 필요로 하는 한, 지속될 수 있다. 따라서 환난의 도움으로 영원이 포위하고 있는 자가 이런 저런 것을 소원할 때마다, 이것은 서글픈 오해다. 그때, 이 포위는 계속된다. 결국 환난이 소원을 구해오므로, 따라서 환난은 시간의(바뀐 것: 영원의) 소망과 포위된 자의 모든 관계를 계속해서 단절되기를 바라니까. -Pap. VIII2 B 100:2 n.d., 1847-48.

Chapter
3

가난할수록 다른 사람을
더 부하게 할 수 있는 기쁨[01]

Det Glædelige i: at jo fattigere Du bliver, desto rigere kan Du gjøre Andre

부자되기

부자가 될 수 있는 많은 방법들이 있습니다. 이런 많은 방법들 중에 하나로 부자가 되는 데 성공하든 못하든, 세상에서는 이런 부자가 되는 많은 방법들에 대한 이야기가 언제나 있어왔고 충분한 지식도 있습니다. 그러나 부자가 되는 이런 방법 중에서, **다른 사람들을 부하게 할 수 있는 것은 최고의 부유함입니다. 스스로 가난한 자가 됨으로써 부하게 하는 이 방법**, '길the way'인 이 방법, 이 방법은 거의 언급된 적이 없고, 선택된 적도 없고, 추천받은 적도 없습니다.

슬프군요, 세상에서 이 길은 결코 존재하지 않는 것 같습니다. 세상에서는 명확히 이것이 부유함이라는 어떤 사상도 존재하지 않습니다. 곧, 스스로 부하게 되거나 부한 것이 아니라, 다른 사람을 부하게 할 수 있는 것입니다.

그러나 부자가 되는 이 놀라운 길은 실제로 존재합니다. 그러나 감히 강도들의 은신처로 들어가는 자가 한 발짝 한 발짝 내딛는 것이 얼마나 두려운 것인지에 대한 시인의 이 야기를 읽을 때, 우리는 이것을 이해합니다. 그는 숨겨진 비 밀의 함정문trapdoor, Fald-Dør을 통해 저 심연으로 던져지는 일 이 없도록 조심해야 합니다.

불신앙이나 두려움이 삶의 불확실에 대한 원리를 자세 히 기술할 때, 우리는 이것을 이해합니다. 왜냐하면 우리는 너무 쉽게 파멸의 가능성을 믿는 경향이 있습니다. 그러나 저 삶, 저 실존은 영원의 도움으로 행복하게 안전을 보호받 을 수 있습니다. **바로 저 위험에서 올라올 수 있는 숨겨진 함정문이 있다는 것, 우리는 이것을 믿지 않습니다.**

절망에 가장 근접한 순간, 디딜 곳은 있습니다. 절망 중 에 그의 디딜 곳은 가능한 한 더욱 가까워집니다. 그리고 모 든 것은 무한히 변화됩니다. 그때 **그는 같은 길을 걷고 있 습니다. 그러나 반대 방향**omvendte**으로 걷습니다.** 가난의 길, 비천의 길, 버림받는 길, 핍박받는 길을 걷는 것에 대해 걱 정하고 탄식하는 대신에, 그는 같은 길을 즐겁게 걷습니다. 왜냐하면 그는 가난할수록 다른 사람을 더욱 부하게 할 수 있다는 것을 믿고, 믿음으로 이해하고 있기 때문입니다.

일반적으로 부하게 되는 이 길이 언급되지 않으므로, 우리는 이 길에 대해 말해야 합니다.

가난할수록 다른 사람을 더 부하게 할 수 있는 기쁨

영적 재물은 전달입니다

모든 것을 무한히 변화시키는 차이란 내적인 것입니다. 고난당하는 자가 염려하며 그가 얼마나 가난한지, 얼마나 비천한지, 얼마나 버림받았는지 계속해서 빤히 쳐다보거나, 혹은 이 땅의 모든 것을 빼앗겼을 때, 그가 눈길을 돌려 아름답고 축복받은 측면에 있는 상태를 보고 있거나, 그 차이는 내적인 것입니다.

예술가가 한쪽 눈으로 사람의 초상을 그리려 할 때, 그 눈이 있는 측면에서 대상을 스케치하는 것이 맞다면, 몹시 고난당하고 있는 자가 축복을 보기 위해서는 괴로움으로부터 눈길을 돌려야 하는 것은 아닌가요!

외적인 의미에서, 거기에는 어떤 변화도 없습니다. 고난당하는 자는 그 지점에 있던 상태로 남아 있습니다. 그럼에도 불구하고 거기에는 변화가, 놀라운 변화가, 믿음의 기적이 있습니다. 한 측면으로 볼 때, 점점 더 가난해지는 가난한 자가 있습니다. 다른 한 측면으로 볼 때, 그가 더욱 가난해질수록, 다른 사람이 더 부해지게 하는 가난한 자입니다. 그러나 외적인 의미에서, 그는 같은 사람입니다.

이런 식으로 이 강화를 진행시켜 보겠습니다. **우리가 먼**

저 스스로 부유함과 부유함(세상적인 것/영적인 것) 사이의 차이를 분명히 해봅시다. 소유한 자를 위해 이 차이에서 나온 결과를 명확히 말해봅시다. 다른 사람들을 부하게 하기 위해 가난해져야 함을 이해하기 위해, 따라서 가난할수록 그가 다른 사람을 더 부하게 한다는 것을 이해하기 위해 그리해 봅시다.

모든 지상적이거나 세상적인 재물은 그 자체로 이기적이고 부러움misundelig을 자극합니다. 이런 재물의 소유는 부러움을 자극하거나, 부러움envy, Misundelse 그 자체입니다. 다시 말해, 내가 다른 누군가를 소유할 수 없게 하는 것입니다. 내가 더 많이 가질수록, 다른 사람은 더 적게 가집니다.

불의한 맘몬mammon, 재물**02**은(이 용어로 모든 지상의 재물, 세속적 명예, 권력 등과 같은 것을 나타낼 수 있습니다) 그 자체로 불의합니다. 불의injustice에 봉사할 뿐입니다. (여기에서 불법적으로 재물을 획득하거나 소유하는 문제는 별개입니다.) 이것은 그 자체로 평등하게equally, ligeligt 획득될 수 없거나 소유될 수 없습니다.

한 사람이 많은 재물을 소유하고 있다면, 반드시 적은 양만을 소유하고 있는 다른 누군가 있기 마련입니다. 한 사람이 갖고 있는 것을 다른 사람이 가질 수 없습니다. 게다가, 지상의 재물을 획득하거나 소유하는 데 애쓴 모든 시간과 정력, 정신적 배려와 관심은 이기적이며, 부러움을 자극합니다. 혹은 이런 식으로 푹 빠진 자는 이기적입니다.

그런 모든 순간에 그는 다른 사람에 대한 어떤 생각도 하지 않습니다. 그런 모든 순간에 그는 스스로를 위하여 이기적으로 일합니다. 혹은 이기적으로 다른 몇 사람을 위해 일할 뿐입니다. 그는 자기 자신과 다른 모든 사람들을 위해 평등하게 일하지 않습니다.

지상의 재물을 획득하는 데 푹 빠져 있거나 그것들을 소유하는 데 열중해 있는 모든 순간에, 아무리 그 재물을 나누기meddele[03] 원한다 해도, 그는 이기적입니다. 왜냐하면 마치 자신이 소유하거나 획득한 것처럼 있기 때문입니다.

영적 재물은 이와 같지 않습니다. 그 개념에서, 영적인 재물은 전달Meddelelse이요, 긍휼한miskundelig 소유입니다. 곧, 본질적으로 전달입니다.

믿음, 소망, 사랑

믿음이 있다면, 그는 다른 사람에게서 아무것도 빼앗지 않습니다. 반대로 이것은 이상하지만 진실합니다. 믿음이 있음으로 인해, 그는 다른 모든 사람을 위해 일했습니다. (그가 직접적으로 다른 사람에게 전달한 것은 별개입니다.) 스스로 믿음을 얻기 위해 일하고 있는 동안, 그는 다른 모든 사람을 위해 일하고 있었습니다.

전 세대와 그 세대에 있는 모든 개인들은 믿음이 있는 자에게 참여하는 자입니다. 믿음이 있음으로 인해, 그는 순수하게 인간적인 것을 표현하거나 모든 사람의 본질적인 가능성이 되는 것을 표현합니다. 믿음을 갖고 있기 때문에 다른 사람에게 어떤 것으로도 부러움을 자극하지 않습니다. 반면, 부자가 소유한 돈은 일종의 **부러움**en Art Misundelse입니다. 부러움 때문에 가난한 자는 소유를 빼앗기는 것입니다. 그 결과 그는 부자의 돈을 부러워합니다. 왜냐하면 지상의 부는 그 자체로 부러움이기에 양자의 상황에서 부러움은 존재하기 때문입니다.

그렇습니다, 믿는 자는 아무에게서 어떤 것도 빼앗지 않습니다. 믿음 안에 있기에 부러움을 자극하지도 않습니다.

어떤 사람도 그의 소유로 부러워하지 않습니다. 오히려 모든 사람은 그로 인해 기뻐합니다. 믿는 자는 모든 사람이 가질 수 있는 것만을 가질 뿐입니다. 그 정도로 그의 믿음은 더 큽니다. 그것은 같은 정도로 보입니다. 그러나 더욱 더 명확하게, 이 영광과 축복이 모든 사람을 위한 **공동 소유**인 것과 같습니다.

사람에게 **사랑**Kjerlighed[04]이 있다면, "그에게 아무 조건 없는 사랑이 있다면, 그렇습니다."라고 말해야 할까요? 아니오, 이런 수사학적인 강조는 확실히 잘못된 것입니다. 더 고차원적인 정도로 이 사랑의 재물을 지닐수록, 그는 틀림없이 다른 사람에게서 무언가를 빼앗는 데 더 가까이 있는 것처럼 보일 수 있습니다. 그러나 이것은 정확히 그 반대입니다. 그가 더 고차원적인 사랑을 지닐수록, 다른 사람에게서 무언가를 빼앗는 것으로부터 더 멀어집니다.

사람이 아무 조건 없는 사랑을 지니고 있다면, 그는 다른 사람에게서 어떤 것도 빼앗지 않습니다. 반대로, 다른 모든 사람들을 위해 일합니다. (실제로 사랑으로 다른 사람을 위해 일했는지는 별개입니다.) 자신을 위해 사랑을 획득하기 위해 일하고 있는 동안, 다른 모든 사람들을 위해 일하고 있습니다.

우리가 잠시 동안만이라도 양심적으로 그의 사랑의 행적을 무시한다 해도, 그가 사랑을 소유하고 있다 해도 자기 자신만을 위해 사랑을 지니고 있지 않습니다. 모든 세대와 그 세대에 속한 모든 개인은 그의 사랑에 동참하고 있기 때문입니다.

사람에게 **소망**hope, Haabet이 있다면, 아무 조건 없는 영원의 소망eternity's hope이 있다면, 그는 누구에게서도 눈곱만큼도 빼앗지 않습니다. 반대로, 그로 인해 모든 사람을 위해 일했던 것입니다. 한 사람에게 소망이 있다는 것, 혹은 소망이 있는 사람이 존재한다는 것, 이것은 다른 모든 사람에게 더욱 기쁜 소식입니다. 이것은 목적지에 도착한 적이 있던 한 배가 다른 모든 배들을 같은 목적지로 이끌고 가고 있다는 소식보다 더욱 확신을 심어주기 때문입니다.

배와 관련해, 돌발적인 상황이 각각의 배에 영향을 끼칠 수 있습니다. "다른 배들"은 본질적으로 한 배의 좋은 운명에 참여할 수 있는 가능성이 없습니다. 그러나 소망을 지닌 한 사람이 있다는 것, 혹은 언제든지 소망을 품고 있는 한 사람이 있다는 것, 이것은 모든 사람에게 결정적입니다. 그들은 이 소망을 품을 수가 있는 것입니다. 바로 여기에서 **하나는 전부이고 전부는 하나**라는 것은 유효합니다.[05]

따라서 영적인 재물은 본질적으로 그 자체로 전달입니다. 그것은 획득이요, 소유요, 그 자체로 모든 사람을 향한 선행benefaction입니다. 그러므로 이 재물을 소유하려 하는 자는 자기 차신만을 위해 선행을 하는 것이 아니라 모든 사람을 위하여 선행을 합니다. 그는 모든 사람을 위해 일하고 있습니다. 이 재물을 획득하고자 하는 그의 노력은 그 자체로 즉각적으로 다른 사람들을 풍요롭게 합니다. 관중이 연극 속의 영웅을 통해 자기 자신을 보듯이, 다른 사람들은 그를 통해 자기 자신을 봅니다.

이것이 지상 재물의 비인간성과 대조되는 영적 재물의 인간성입니다. **인간성**Menneskelighed이란 무엇인가요? 인간적 닮음menneskelige 혹은 **평등**Ligelighed입니다.[06] 그가 이 재물을 획득하여 자기 자신만을 위해 일하는 것처럼 보이는 순간에도, 그는 전달 중에 있습니다. 이것은 이 재물의 본질이니까요. 이 재물의 소유가 전달입니다.

소망을 획득함으로써 당신은 자신만을 위하여 획득한 것이 아니라, 당신이 그것을 획득함으로써(이 획득이 얼마나 큰 축복인가요!) 전달 중에 있습니다. 왜냐하면 즉각적으로 소유할 때조차 **영원의 소망은 전달**이기 때문입니다. 당신은 소망을 품을 뿐만 아니라, 그것을 품음으로써(이 소유는 얼마나 큰 축복인가요!) 당신은 이 소망을 전달하고 있는 자입니다. 당신은 다른 사람에게 선한 행위를 하고 있는 자입니다.

오, 처음부터 끝까지 매 순간마다 이런 영적인 재물 뒤에 얼마나 모든 하늘의 복이 따라오는지요! "나는 같은 것을 반복하는 데 지치지 않습니다."[07] 나에게는 이 생각이 너무 복되기에 충분히 반복될 수 없을 것 같습니다. 사람의 인생이 매일 이 생각의 반복이었을지라도, 그렇게 잦은 것이 아닐 것입니다.

이 땅의 재물은 본질적으로 주기를 꺼려합니다. 이것들은 부러움을 자극합니다. 따라서 이것들로 도움을 얻기 바라는 자에 의해 재물이 소유되어야 한다면, 이 재물은 의심스럽습니다. 슬프군요, 이것은 우연한 가능성을 위한 얼마나 광대한 공간인가요! 얼마나 불확실한가요! 이 재물들을 소유함으로 인해 재물이 부러움을 자극하고 주기를 꺼려하는 것처럼 소유자 역시 주기를 꺼려합니다.

반면, **영적 재물은 축복입니다.** 소유자가 그 재물을 사용했는지는 말할 필요도 없습니다. 단지 그것들을 소유한 것만으로도 다른 사람에게 축복이요, 전달이요, 나눔 Meddelelse입니다. 그 정도로 영적 재물은 축복입니다. 가장 두꺼운 벽을 침투하는 공기를 막는 것은 불가능한 것처럼, **이기적인 의미에서 자신만을 위해 영적 재물을 소유하는 것은 불가능합니다.**

우리가 이런 식으로 말한다면, 적절한 것은 아닙니다. 영원히 확신을 심어주는 것은 이것입니다. 이것은 재물을 소유한 사람 때문이 아니라, 그 자체로 재물 때문입니다. 이 재물은 전달입니다. 소유자가 재물과 일치하지 않는다면, 영적 재물을 소유하지 않았다는 것이 자명할지라도 말입니다.

값비싼 향수의 본질은 그것을 부을 때만 향기를 퍼지게 하는 것이 아니라 그 자체로 향기를 포함하고 있고 그 정도로 향기라는 데 있습니다. 따라서 그것을 담고 있는 유리병 속에 그 향기가 퍼질 뿐 아니라 심지어 그렇게 **은폐된 상태에서조차 향기를 퍼뜨립니다.** 이와 마찬가지로 영적 재물은 전달입니다. 이 소유가 전달이므로, 이 재물을 획득하는 것은 다른 사람들을 부요케 합니다.

이때 이와 같은 사실로 인해 다음과 같은 결론에 이릅니다. 곧, 당신이 이 재물들을 획득하는 데 시간을 보낼 때마다, **매 순간마다 당신은 이 소유에 기뻐하게 됩니다.** 당신은 이기적으로 자기 자신에게 몰입되는 것과는 완전히 거리가 멀어지기 때문에 즉각적으로 전달하고 있는 것입니다.

진실로, 진정한 영적 재물은 이와 같습니다. 이것은 또한 확신을 심어주는 질적 특성이 있습니다. 이것은 진리의 흔적인 것입니다. 다시 말해, 영적 재물은 진리 안에서만 소유될 수 있습니다. 이기적으로 이 재물을 소유하기 바란다면, 자기 자신만을 위해 소유하기 바란다면, 이기적인 의미에서 자기 자신을 위해 이것을 갖기 바란다면, 그는 이 재물을 소유하지 못합니다.

그러나 단지 지상적이고 세상적인 재물과 대조되는 영적 재물이 있습니다. 물론, 덜 완전한 영적 재물입니다. 예를 들어, 통찰력, 지식, 능력, 선물과 같은 것들입니다. 이것들도 영적 재물입니다. 그러나 재물의 소유자가 그 결과를 결정하는 것, 혹은 그 결과를 결정하는 것이 소유자의 본성에 달려있다면, 그것은 완전함이 조금 떨어진다는 것은 맞는 말입니다. 그가 자선심이 많고 전달력이 있든 이기적이든 상관없습니다. 왜냐하면 본질적으로 이 재물들은 전달이 아니기 때문입니다.

그렇게 덜 완전한 영적 재물을 소유하고 있는 자가 이기적이라면, 결국 그를 통해 재물은 부러움을 자극하게 될 것이고 다른 사람들을 더욱 가난하게 하고 말 것입니다. 재물의 소유자는 이 재물로 자기 자신을 가둘 뿐입니다. 그가 그 재물을 획득하거나 그것들을 간직하기 위해 일을 하고 있는 동안은 언제나 이기적으로 갑힙니다. 그는 다른 사람이나 다른 사람의 생각과 관계할 어떤 시간도, 어떤 기회도 없습니다.

현명한 사람은 점점 더 현명해집니다. 그러나 그의 증가하는 현명함과 비교하여 다른 사람들은 점점 더 멍청해진다는 장점을 갖기 바라는 식으로, 부러움을 자극하는 의미에서 그렇습니다. 그는 이런 멍청한 사람들을 점점 더 많이 갖기를 바랄 뿐입니다. 그는 자신의 권력에서 그 정도로 비인간적입니다.

박식한 사람은 점점 더 박식해집니다. 그러나 부러움을 자극하는 의미에서 그렇습니다. 그리하여 그는 마침내 박식한 자가 되어 누구도 그를 이해할 수 없게 됩니다. 너무 박식해진 나머지 그는 누구하고도 소통할 수 없습니다.

이런 식으로 비진리 안에서 소유하게 됨으로써, 이런 덜 완전한 영적 재물은 세상적이고 지상적인 재물로 바뀝니다. 이런 재물의 특징은 그것들을 소유하고 있기 때문에 다른 사람들은 이렇든 저렇든 점점 더 가난해진다는 점입니다.

그러나 진정한 영적 재물은 진리 안에서만 소유될 수 있다는 것은 맞는 말입니다. 진리 안에서 그것을 소유하지 않는 자는 전혀 소유하지 않은 자입니다.

그때, 이것은 재물과 재물 사이의 관계입니다. 이런 관계는 "다른 사람을 부요하게 한다"는 생각의 기초가 될 뿐만 아니라 이 생각을 정의합니다. 한 편에는 지상의 재물이 있습니다.(혹은 덜 완전한 영적 재물) 본질적으로 이 재물의 소유는 부러움을 자극합니다. 이 재물의 획득 역시 부러움을 자극합니다. 따라서 매순간마다, 이 재물의 획득과 소유에 사로잡힌 모든 생각은 부러움을 자극합니다. 다른 한 편에는 진실한 영적 재물이 있습니다. 본질적으로 이 재물의 소유는 전달Meddelelse입니다. 이 재물의 획득 역시 전달입니다. 따라서 매순간마다, 이 재물의 획득과 소유에 사로잡힌 모든 생각은 다른 사람들을 부요하게 합니다.

그때, 한 사람은 다른 사람을 어떻게 부자로 만들 수 있나요? 네, 지상의 재물을 갖고 있는 자는 그것들을 나누어줄meddele 수 있습니다. 자, 그가 그렇게 할 수 있다고 가정해봅시다. 우리가 잠시 동안만이라도 지상의 재물이 진정한 부가 아니라는 것을 잊어봅시다.

그때, 그는 자신이 갖고 있는 지상의 재물로 좋은 일을 할 수도 있고 나누어줄 수도 있습니다. 이 일은 아주 간단하게 이루어질 수 있습니다. 그는 이 일을 한 달에 한 번 할 수도 있습니다. 혹은 매일 한 시간씩 할 수도 있고, 많은 양을 줄 수도 있습니다. 그러나 유의하십시오. 그가 지상의 재물을 획득하고, 축적하고, 보존하는 데 사로잡힌 모든 시간과 매일의 날들에서 그는 **이기적이었습니다.** 그가 아무리 나누어주기 위해 모은다 하더라도, 그의 생각이 지상의 재물에 사로잡혀 있는 한, 그것은 이기적입니다. 어떤 의미에서 그것은 그 때문이 아닙니다. 그것은 지상의 재물의 본질적 특성입니다.

따라서 이것은 다른 사람을 부자로 만들기에는 불완전한 방법이라는 것을 입증한 것입니다. 지상의 재물을 소유하고 있는 자가 그로 인해 타락한 것이 아니라, 기꺼이 나누어주고 공유하려 한다 해도, 잠시 동안만이라도 우리가 지상의 재물이 진정한 부가 아니라는 것을 잊는다 하더라도, 이것은 불완전한 방법에 불과할 뿐입니다.

아니, 진정한 방법, 완전한 방법, 다른 사람을 부자로 만들 수 있는 방법이란 영적 재물을 전달하는 것입니다. 다른 측면에서, 스스로 이 재물을 획득하고 소유하는 데 사로잡히는 것입니다. 이런 경우일 때, 한 사람은 다른 사람을 부

116 • 고난의 기쁨

자로 만들 수 있습니다. 이것은 그가 할 수 있는 유일한 것, 유일한 과업입니다. 그의 전 생애의 유일한 과업 말입니다. 이 재물이 진정한 부입니다.

그가 스스로 이 재물을 획득하는 동안, 그는 전달하는 중에 있고 즉각적으로 다른 사람을 부자로 만듭니다. 그가 이 재물을 소유하고 있는 동안, 그는 전달하는 중에 있고 즉각적으로 다른 사람을 부자로 만듭니다. 그는 유일하게 이 재물에 사로잡혀 있고 이 재물만 관심이 있기 때문에 이 재물을 증가시키기 위해 노력할 것입니다.

그러나 진정한 재물과 관련하여, 이 재물의 본성이 전달입니다. 그것의 증가는 직접 전달 그 이상 그 이하도 아닙니다. 이 재물은 증가됩니다. 왜냐하면 여기에서 이 재물이 아무리 보잘것없어 보여도 그것은 가짜 재물과 아무런 관련이 없는 것처럼 있기 때문입니다. 가짜 재물은 나누어줌으로써 증가되지 않습니다. 그가 가르치고, 훈계하고, 격려하고, 위로하며, 이 재물을 전달할 때, 그는 직접적으로 다른 사람을 부자로 만들고 있습니다.

그러면 이제 우리가 이 주제를 고찰해 봅시다. 가난할수록 다른 사람을 더욱 부하게 할 수 있는 기쁨

오, 당신 고난당하는 자여, 당신이 누구이든, 삶이 당신에게서 부함을 빼앗았다면, 아마도 부유하다가 가난해졌다면, 그때 당신은 기꺼이 도움받기를 바랐고 그것을 선의로 이해했다면, 당신이 이기적으로 몰입될 수밖에 없었던 생각과 그 세월과 시간을 낭비하는 데에서 자유롭게 될 것입니다. 당신은 더욱 영적인 재물을 획득하고 소유하는 데에만 몰입되었을 것입니다. 오, 이런 식으로 지내온 매 순간마다, 당신은 다른 사람을 부하게 합니다!

혹은 삶이 당신의 세상적인 명성과 영향력을 빼앗았다면, 그때 기꺼이 도움받기를 바랐고 그것을 선의로 이해했다면, 당신이 이기적으로 몰입될 수밖에 없었던 것들을 즐기거나 간직하는 데 생각과 시간을 활용하는 데에서 자유롭게 될 것입니다. 이런 식으로 지내온 매 순간마다, 당신은 다른 사람을 부하게 합니다!

혹은 당신이 인간 사회에서 버림받은 것처럼 보인다면, 누구도 당신과 함께 하려 하지 않는다면, 누구도 당신을 초대하려 하지 않는다면, 그때 기꺼이 도움받기를 바랐고 그것을 선의로 이해했다면, 따분함을 달래기 위해 시간을 죽이는 데 사로잡혀 쓸데없고 무익한 잡담을 하는 생각과 시간을 낭비하는 데에서 자유롭게 되었을 것입니다. 아무 의미 없는 놀이에 빠져 시간을 낭비하지 않았을 것입니다. 당신은 더욱 영적 재물을 획득하고 소유하는 데에만 몰입되는 일이 생깁니다. 이런 식으로 지내온 매 순간마다, 당신은 다른 사람을 부하게 합니다!

당신은 이런 식으로 가난해지는 것, 점점 더 가난해지는 것이 어렵다는 것을 알게 되었습니까? 왜냐하면 외적인 의미에서 이것은 지금 최종적으로 결정되었으니까요. 당신의 영혼은 아마도 이 세상의 것들에 집착하고 있습니까? 그것들을 소유하고 있는 자가 소유에 사로잡혀 있는 것처럼 이기적으로 그것들의 손실이 뇌리에서 떠나지 않습니까? 그러나 그때 다른 사람을 부하게 하는 것 역시 어려운가요?

어리석게 속지 마십시오. 누군가 부할 때, 가난한 자에게 약간의 돈을 주는 것, 누군가 힘이 있을 때 다른 누군가 전진하도록 돕는 것, 이것은 쉬운 것처럼 보입니다. 속지 마십시오. 믿음, 소망, 사랑의 획득에 사로잡혀 있는 사람, 그는 확실히 다른 사람을 부하게 합니다.

그때, 더욱 가난한 자가 되십시오. 왜냐하면 당신은 상실한 것과 기만적인 바람 사이의 관계를 유지하고 있으니까요. 당신은 아마도 그것을 다시 획득하기 위한 자기 기만적인 소망을 키우고 있으니까요.

그때, 더욱 가난한 자가 되십시오. 당신이 다른 사람을 부하게 할 수 있도록 상실한 것을 완전히 놓으십시오. 그런 다음 영적 재물만을 찾으십시오. 그런 모든 때와 모든 순간에 복이 있을지라. 당신은 자신에게 유익한 일을 했을 뿐만 아니라, 다른 사람을 부하게 했습니다. 당신은 다른 사람에게 선한 행위를 한 것입니다!

당신이 실제로 가난해졌을 때, 또한 점점 더 스스로 영적 재물을 자기 것으로 만들었을 것입니다. 그때 당신은 영적 재물을 전달함으로써, 그 자체로 전달인 것을 전달함으로써, 더욱 풍성한 방법으로 다른 사람을 부하게 할 수 있을 것입니다.

당신이 점점 더 가난해질수록, 당신이 이기적으로 자기 자신에게만 사로잡히거나 본질적으로 이기적이고 지상적인 재물에 사로잡히는 저 순간이 당신의 삶에서 점점 더 줄어들게 될 것입니다. 이런 재물은 사람의 생각을 자기 자신에게만 집중하게 하여 더 이상 다른 사람을 위하여는 살지 못하게 됩니다.

그러나 저 순간이 점점 더 줄어들수록, 하루의 많은 시간이 영적 재물을 획득하고 소유하는 일로 가득 차게 될 것입니다. (그리고 잊지 마십시오, 오, 당신이 그 일을 할 때, 다른 사람을 부하게 하고 있다는 것을 기억하십시오!) 혹은 즉각적으로 동시에 영적 재물을 전달함으로써 다른 사람을 부하게 하는 일로 가득 차게 될 것입니다.

우리의 본보기이신 주 예수 그리스도를 생각해 보십시오! 그분은 가난했습니다. 그러나 그분은 확실히 다른 사람을 부하게 했습니다! 그분의 삶은 우연히 발생한 어떤 일도 표현하지 않습니다. 그분의 삶은 우연한 의미에서 가난했다는 것을 표현한 것이 아닙니다. 아니, 그분의 삶은 본질적인 진리입니다. 따라서 다른 사람을 부하게 하기 위해 스스로 가난해져야 함을 나타낸 것입니다. 이것이 거룩한 생각입니다. 이것은 인간의 마음속에 일어날 수 있는 것과는 다릅니다.[08] 곧, 인간의 마음에는 다른 사람을 부하게 하는 부자가 있을 뿐입니다.

진정한 부함이 아니라, 지상적인 재물뿐만이 아니라 부자가 그 풍부함을 나누어줄 만큼 관대하다 하더라도, 자신의 재물에 사로잡혀 있는 때를 갖는 것을 피할 수 없습니다. 저 시간 동안만큼은 다른 사람을 부하게 하는 일에 사로잡

힐 수 없습니다.

그러나 그분은 여기 이 땅에 사는 동안 가난했습니다. 따라서 그가 매일, 매시간, 매순간 사는 동안 다른 사람을 부하게 하는 것은 그분의 과업이었습니다. 스스로 가난해질수록, 그분은 다른 사람을 부하게 하는 일에만 몰두합니다. 그는 스스로 가난해짐으로써만이 완전히 그 일에 귀속됩니다. **그분은 가난해지기 위해 하늘에서 내려온 것이 아닙니다. 그러나 다른 사람을 부하게 하기 위해 내려오셨습니다.** 그러나 다른 사람을 부하게 하기 위해 가난해져야 했습니다.

그분은 가난해졌습니다.[09] 한 때는 부자로 있었다가 그 후에 한 때는 가난해진 것처럼 있는 것이 아닙니다. 그러나 그분은 가난해졌습니다. 왜냐하면 그것은 그분의 자유로운 결정, 자유로운 선택이었으니까요. 그분은 가난해졌고 모든 의미에서, 모든 방식에서 **그렇게 되었습니다.** 그분은 인간 사회에서 버림받은 자처럼 살았습니다. 그분은 죄인과 세리들하고만 어울렸습니다.[10] (이것은 그분의 명성을 보잘것없게 만드는 얼마나 경솔한 짓인가요! 다른 사람들의 의견에 대한, '그들이 말하는 것'에 대한 변명의 여지도 없는 이 얼마나 무관심한 것인가요! 얼마나 뻔뻔한가요! 스스로에 의해, 이런 뻔뻔함 때문에 모든 사람들의 눈에 점점 더 비천해져야 하다니요.

그분은 다른 사람을 부하게 하기 위해 가난해졌습니다. 그분의 결정은 가난해지는 것이 아니라, 다른 사람을 부하게 하는 데 있습니다. **따라서** 그는 가난해졌습니다. 사도 바울을 생각해 보십시오. 그는 이 말을 했습니다. 스스로 가난한 자가 되어도 우리는 다른 사람을 부하게 한다고 말입니다.[11] 사도는 가난해지는 것을 받아들였고, 인간 사회에서 버림받은 자가 되었습니다. 그가 아내에게 속해 있든, 아내가 그에게 속해 있든, 아내조차도 포기한 채 말입니다.[12] 그는 그것을 받아들였습니다. 이것은 다만 <u>그가 다른 사람들을 부하게 하는 방법을 발견했다는 점에서만 그런 것이 아닙니다.</u>

그때 기쁨은 이것입니다: **당신이 더 가난해질수록 다른 사람을 더욱 부하게 합니다.** 오, 그때 세상이 당신에게 모든 것을 빼앗았을지라도, 실제로는 아무것도 아니라는 것을 의미합니다. 혹은 당신이 세상 전부를 상실했다 해도, 아무것도 아닙니다. 그렇습니다, 당신이 스스로 그것이 최선이라고 생각했다면, 심지어 그것은 최선입니다! 절망의 순간에,

필요가 가장 클 때, 도움은 가장 가깝습니다. 모든 것을 무한히 바꾸는 변화는 이것입니다: **가난한 자인 당신은 부한 자입니다.** 왜냐하면 결국 진정한 부함이란 다른 사람을 부하게 하는 것이기 때문입니다.

따라서 여기에 기쁨이 숨겨집니다. 오직 죄만이, 죄만이 인간의 타락입니다. (이것은 우리가 각 강화를 마무리 하고자 하는 방식입니다. 이것은 우리가 말하려고 하는 것을 명확히 할 뿐 아니라 영원히 다른 것을 완전히 다른 방식으로 어떻게 전해야 할지 명확히 해주기 때문입니다.)

참고자료

01 이 부분은 다음의 성경구절을 참고하라. 고후 6:10, "근심하는 자 같으나 항상 기뻐하고 가난한 자 같으나 많은 사람을 부요하게 하고 아무 것도 없는 자 같으나, 모든 것을 가진 자로다." 고후 8:9, "우리 주 예수 그리스도의 은혜를 너희가 알거니와 부요하신 이로서 너희를 위하여 가난하게 되심은 그의 가난함으로 말미암아 너희를 부요하게 하려 하심이라."

02 누가복음 16:1-9의 불의한 청지기 비유를 참고하라.

누가복음 16:9, "내가 너희에게 말하노니, 불의의 재물로 친구를 사귀라. 그리하면 그 재물이 없어질 때에 그들이 너희를 영주할 처소로 영접하리라."

03 Meddele(med, ~함께 + dele, 나누다)은 더 좁은 의미에서 "전달하다"는 뜻이 있다. 이런 의미에서, 이 용어는 키르케고르의 작품에서 중요하다. 예를 들어, 전달에 대한 강의 원고를 보라. JP I 648-53 (Pap. VIII2 B 79, 81-85). 이곳에서 이 용어는 '분배', '나눔'의 의미로 사용된다. 이 단어의 두 번째 의미로는 다음에 나오는 단락을 보라.

04 덴마크어에는 사랑이라는 단어가 두 개 있다. Elskov과 Kjelighed이다. Elskon은 남녀간의 사랑처럼 즉각적이고, 낭만적이고, 꿈꾸는 사랑이다. Kjelighed는 더 포괄적이고 고차원적인 의미에서의 사랑이다. Elskon과 Kjelighed는 '에로스'와 '아가페'의 사랑과

일치한다.

05 이것은 아마도 덴마크 법(1683년)의 5권 2장을 언급하는 것처럼
    보인다. 이 법에는 "전부를 위한 하나, 하나를 위한 전부"라는 표현이
    등장한다. 이는 연대 책임과 의무를 표현한 것이다. 다음을 참고하라.
    Danske Lov (1683), fx i 5. bog, kap. 2, art. 83

06 다음 예를 보라. Two Discourses at the Communion on Fridays, in
    Without Authority, KW XVIII(SV XII 267).

    『이것이냐 저것이냐』에서 시작하여 점진적으로 발전시켰던 저술
    작업authorship은 여기에서, 이 제단 앞에서, 결말을 짓는 안식처를
    찾는다. 이곳에서 저자는 자신의 불완전함을 가장 잘 깨닫고 있기에,
    자신을 진리의 증인이라 부르지 않는다. 아니, 그는 일종의 특이한
    시인이자 사상가일 뿐이다. 그는 권위가 없으며, 가져올 만한
    새로운 것은 아무 것도 없다. 아니, "가능하다면 내면적인 방법으로,
    조상들로부터 물려받은 오래되고 익숙한 본문을, 개인적이고 실존적인
    관계에 대한 원래의 본문을 꼼꼼히 읽기를 바랐을 뿐이다."-(『결론의
    비학문적 후서』의 후기를 보라.)

    이 쪽으로 방향을 바꾸었을 때, 나는 더 이상 추가할 아무 것도
    없다. 그렇지만, 이것만은 표현하게 해주소서. 어떤 면에서 이것은
    나의 인생이요, 인생의 내용이요, 그것의 충만, 그것의 지복, 그것의
    평화와 만족이다. 이것, 혹은 인생에 대한 이런 관점은 인간성humanity,
    Menneskelighed과 인간적 평등Menneske-Liighed에 관한 생각이다. 즉,
    기독교적으로 모든 사람(단독자)은, 무조건적으로 모든 사람은, 다시
    한 번, 무조건적으로 모든 사람은, 똑같이 하나님께 가깝다. 얼마나,
    얼마나 평등하게 가까운가? 모든 인간은 무조건적으로 그분에 의해
    사랑받는다.

    따라서 사람들 사이에 평등이, 무조건적인 평등이 존재한다.
    어떤 차이가 있다면, 아, 이 차이가 존재한다면, 그것은 그 자체로
    평화로움peaceableness과 닮았다. 방해받지 않은 채, 이 차이는
    눈곱만큼도 평등을 방해할 수 없다.

07 빌립보서 3:1, "끝으로 나의 형제들아, 주 안에서 기뻐하라. 너희에게
    같은 말을 쓰는 것은 내게는 수고로움이 없고 너희에게는 안전하니라."

08 고린도전서 2:8, "이 지혜는 이 세대의 통치자들이 한 사람도 알지 못하였나니, 만일 알았더라면 영광의 주를 십자가에 못 박지 아니하였으리라."

09 고린도후서 8:9, "우리 주 예수 그리스도의 은혜를 너희가 알거니와 부요하신 이로서 너희를 위하여 가난하게 되심은 그의 가난함으로 말미암아 너희를 부요하게 하려 하심이라."

10 마태복음 11:19, "인자는 와서 먹고 마시매 말하기를 보라 먹기를 탐하고 포도주를 즐기는 사람이요 세리와 죄인의 친구로다 하니 지혜는 그 행한 일로 인하여 옳다 함을 얻느니라."

11 고린도후서 6:10, "근심하는 자 같으나 항상 기뻐하고 가난한 자 같으나 많은 사람을 부요하게 하고 아무 것도 없는 자 같으나 모든 것을 가진 자로다."

12 이 부분은 고린도전서 7:7과 관련된 이야기이다. 바울은 결혼하지 않은 상태였고, 그렇게 되기를 바랐다. "나는 모든 사람이 나와 같기를 원하노라. 그러나 각각 하나님께 받은 자기의 은사가 있으니 이 사람은 이러하고 저 사람은 저러하니라."

Chapter
4

약할수록 당신 안에
하나님은 더 강하다는 기쁨[01]

Det Glædelige i: at jo svagere Du bliver, desto stærkere bliver Gud i Dig

무슨 대화를 나누는가

친목 모임에 모인 사람들을 상상해보십시오. 대화가 무르익더니, 더욱 활기차고, 맹렬해졌습니다. 한 사람은 다른 사람의 이야기가 끝나기 무섭게 다시 이야기를 꺼냅니다. 이야기가 끝날 때를 기다릴 수 없습니다. 참석한 누구나 조금이라도 이런 대화에 참여하고 있습니다.

바로 그때, 이런 대화 중에 낯선 사람이 들어옵니다. 그는 그들의 표정과 큰 목소리를 통해 대화의 주제가 그들을 사로잡고 있다고 결론 내립니다. 따라서 대화는 상당히 중요한 주제임이 틀림없다는 결론에 이릅니다. 그 이후 조용한 채로 그 대화의 열기에 참여할 수 없었기에, 도대체 무슨 이야기를 하고 있는지 정중히 묻습니다.

우리 주변에서 너무나 자주 일어나듯이, 그 대화가 보잘것없는 것이라고 상상해보십시오! 그는 자신이 만들 결과에 대하여 완전히 무지합니다. 그는 이 대화가 중요한 것이라고 공손하게 추론했습니다. 그러나 얼마나 놀라운 결과입니까! 아마도 전체 친목 모임을 한 시간 이상 사로잡고 있었던 주제가 너무 시시해서 언급할 가치조차 없습니다. 낯선 사람이 정중하게 이 대화가 무엇에 관한 것인지 물어볼 때, 그것은 아무것도 아니었다는 것을 갑자기 깨달아야 하다니!

그러나 종교적인 이야기가 세상의 이야기 도중에 들려질 때, 종종 더 이상한 결과를 만듭니다. 세상은 분쟁과 갈등에 대한 수많은 이야기가 있습니다. 서로 갈등하며 살고 있는 이 사람, 사람에 대한 이야기가 있습니다. 거룩한 결혼의 결속Ægteskabets hellige Baand[02] 가운데 있어도 서로 갈등하고 있는 이 사람과 그의 아내에 대한, 이 주제와 저 주제 사이에서 시작되는 학적인 갈등에 대한, 다른 사람에게 결투하자고 도전하는 누군가에 대한 이야기도 있습니다. 도시에서 발생한 폭동에 대한, 그 나라에 진군하여 들어가는 수천 명의 적군에 대한, 임박한 유럽전쟁에 대한, 공포를 불러일으키는 폭풍우의 분쟁Elementernes Strid[03]에 대한 이야기도 있습니다.

보십시오, 이것이 허구한 날 세상에서 수천 수백만의 사람들에 의해 들려지는 이야기입니다. 당신이 저런 의미에서 갈등에 대하여 말할 무언가 있다면, 쉽게 청중을 찾을 수 있을 것입니다. 당신이 무언가를 듣기 바란다면, 쉽게 말하는 자를 찾을 수 있을 것입니다.

그러나 갈등에 대한 이 이야기를 누군가 **모든 사람이 하나님과 다투어야 하는 갈등**에 대해 말할 기회로 여길 것을 생각해 보십시오. 얼마나 이상한 결과인가요! 다른 모든 사람들은 무언가를, 중요한 무언가를 말하는 반면, 그는 아무것도 말할 것이 없다는 것, 이런 일이 대부분의 사람들에게 일어날 것 같지 않는가요! 얼마나 놀라운가요!

전 세계를 여행해 보십시오. 다양한 나라를 경험해 보십시오. 그 사람들과 어울려 보십시오. 그들과 사귀어보고 집에 방문해 보십시오. 그들과 함께 모임에 가보십시오. 그들이 무슨 말을 하고 있는지 가까이 들어보십시오. 이 세상에서 갈등이 발생할 수 있는 수도 없이 많은, 많은 다양한 방법으로 많은, 많은 다양한 대화에 참여해 보십시오. 그들의 대화에 몰입해 보십시오. 그러나 당신은 언제나 이 주제를 대화에 소개하지 않는 입장에서 그리하십시오. 그때 이 갈등에 대한 어떤 논의라도 들은 적이 있었는지 나에게 말해

보십시오. 그럼에도 불구하고 이 갈등은 모든 사람과 관련됩니다. 이 갈등은 무조건적으로 모든 사람들과 관련되어 있는 만큼 다른 어떤 갈등도 없다는 것은 맞는 말입니다.

사람들 사이의 갈등—그렇습니다, 누군가와 갈등 없이 평생을 평화롭게 지내온 많은 사람들이 있기는 합니다. 결혼한 사람들 사이의 갈등—그렇습니다, 이 갈등에 훼손되지 않은 많은 행복한 결혼이 있기는 합니다. 사람이 싸움에 도전장을 받는 것은 극히 드물군요. 그래서 이 갈등은 거의 극소수의 사람에게만 관련이 있을 뿐입니다. 유럽에 전쟁이 있는 동안도 여전히 많은 사람들이 있기는 합니다. 최악의 상황에도, 평화롭게 살아가는 미국의 다른 지역이 아니더라도, 거기에 많은 사람들이 있기는 합니다.

그러나 하나님과의 이 갈등은 무조건적으로 모든 사람과 관련됩니다.

아마도 이 갈등을 아주 성스럽고 심각한 것으로 여깁니다. 이런 이유로 거의 논의된 적도 없습니다. 하나님이 존재하지 않는 것처럼 보이기 위해 수도 없이 잡다한 것들이 관심을 끌고 있는 이 세상에서 하나님은 직접적으로는 인식할 수 없듯이, <u>이 갈등 역시 아무도 말하지 않지만 모든 사</u><u>람이 갖고 있는 비밀과 같습니다.</u> 이 갈등이 존재하지 않는 것처럼 수다 떨고 있는 다른 모든 것들이 관심을 끌고 있습니다. 아마도 이것은 이런 식입니다. 아마도.

그러나 모든 고난당하는 자는 상황이 어떠하든, 이 갈등을 깨달을 수 있는 기회를 얻습니다. 이 강화는 이런 사람들을 언급하고 있습니다. 그래서 우리가 이 갈등에 대하여, 다음 주제에 대하여 말해봅시다.

약할수록 당신 안에 하나님은 더 강하다는 기쁨

사랑의 전능

당신, 고난당하는 자여, 당신이 누구이든, 이것이 기쁘지 않습니까? 이것이 사실이 아닌가요? 모든 것은 이 관계를 어떻게 바라보는지에 달려 있다는 말이 이 모든 강화에서처럼, 여기에서도 맞는 말입니다. 고난당하는 자가 의기소침하고, 낙심하고, 절망하여 그가 얼마나 약한지 계속해서 바라보고만 있다면, 그렇습니다, 거기에는 어떤 기쁨도 없습니다.

그러나 그가 약하다고 하는 것이 무엇을 의미하는 것인지 알기 위해, 누가 강한 분인지를 알기 위해, 그곳에서 눈길을 돌린다면, **그분은 하나님이라는 것을 알게 될 것입니다. 그때 거기에 확실히 기쁨이 존재합니다.** 우리는 가끔 패배로 고통당했던 자가 말하는 소리를 듣습니다.

"나는 패배했어. 더 약한 자가 되었지(이것이 그 고통이다). 그러나 나를 위로하는 것, 나를 기쁘게 만든 것, 그래, 그래도 승리한 것은 바로 그 사람이었다는 거지."

도대체 누가 그 사람일까요? 틀림없이 패배한 자가 많이 좋아하는 사람, 존경하는 사람이었을 것입니다. 알다시

피, 이 기쁨은 완전하지 않습니다. 그는 승자가 되는 편이 나았을 텐데 말입니다. 그러나 그는 간신히 패자의 기쁜 면을 보고 있을 뿐입니다. 그는 승자의 승리를 인정합니다.

그러나 승리한 분이 하나님일 때, 더 강한 자가 그의 원수, 그의 적이었다는 사실만 고난당하는 자가 **표면적으로** outwardly 바라본다면, 결국 이것은 그의 입장에서의 판단의 실수일 뿐입니다. 확실히 그의 원수들은 더 강할 수도 있고, 그를 약하게 만든 것이 그들의 힘일 수 있습니다. 그래서 고난당하는 자는 아무것도 할 수 없었던 것입니다.

그는 약해집니다. **내면적으로**inwardly 이해할 때, **이것은 단순하고도 유일하게 하나님이 강하다는 것을 의미합니다. 결과적으로 승리한 분이 하나님입니다!** 하나님의 승리를 인정하는 것, 곧 승리한 분이 하나님이기 때문에 스스로를 위로하는 것—오, 그것은 근본적으로 자신의 승리를 인정하는 것입니다! 하나님과의 관계에서, 이런 식으로만 승리할 수 있습니다. 곧, 하나님은 승리하십니다.[04]

사람이 약해지는 것이 어떻게 **내면적으로** 그의 안에 하나님이 강해지는 것을 의미하는지 먼저 이것을 명확히 해 봅시다. 이것이 우리가 다른 무엇보다 고난당하는 자에게 부탁해야만 하는 것, 그에게 말할 수 있기 위해 요구해야만 하는 것입니다.—곧, 그는 가능한 한 빨리 외적인 것으로부터 눈을 돌려야 합니다. **그의 시선을 내면적인 곳으로 돌려야 합니다.** 그의 시선과 그가 주변에 둘러싸인 세계와 그의 고통과의 관계를 외적인 관점으로 바라보는 데에 매몰되지 않도록 말입니다. 전자가 행해질 때, 사람이 약해진다는 것은 내면에서 **그 안에 하나님이 강하다는 것을 의미하는 바가 명확해질 때, 그때 기쁨은 저절로 따라옵니다.**

순간에만 아주 드물게 하나님과 관계하고 있는 자는 그가 하나님과 가깝다는 것을 거의 생각하거나 꿈도 꾸지 않습니다. 혹은 하나님과 그의 관계가 가까워 그와 하나님 사이에 상호 관계하는 곳이 있다는 것을 거의 생각하지 않습니다. 진실로, 사람이 더 강해질수록, 그의 안에 하나님은 더 약해집니다. 그가 약해질수록, 그의 안에 하나님은 더 강해집니다.

어떤 신이 존재한다고 가정하는 누구나 신이 영원히 존재하는 것처럼 당연히 가장 강한 분이라고 생각합니다. 전능하신 분, 그분은 무로부터 창조하셨고, 모든 피조물은 그분에게 무nothing와 같습니다. 그러나 그분은 대등한 관계reciprocal relationship의 가능성을 거의 생각하지 않으십니다.

그러나 무한히 가장 강하신 분인 하나님께 하나의 **장**

애물이 존재합니다. 그분이 스스로 그것을 놓으셨습니다. 그렇습니다, 그분은 스스로 이해 불가능한 사랑으로, 친절하게도, 장애물을 놓으신 것입니다. 사람이 나타날 때마다 이 장애물을 놓고 또 그것을 놓으셨습니다. 그분의 사랑 안에서 그분은 스스로의 관계를 통해서 사람을 중요한 자something로 바꾸십니다. 오, 얼마나 놀라운 전능하심인가요, 얼마나 놀라운 사랑인가요!

인간은 그의 '작품들creations'이 자신과의 관계에서 중요한 것something이 되는 것을 참을 수 없습니다. 그것들은 당연히 무이어야 합니다. 따라서 인간은 그것들을 업신여기며 "작품들"이라고 부르는 것입니다.[05] 그러나 무로부터 창조하신 하나님은 전능하게 무로부터 가져와 "될지라"라고 말씀하십니다. 그분은 친절하게 더하십니다.

"나와의 관계를 통해 중요한 자something가 될지라."

얼마나 놀라운 사랑인가요! 그분의 전능하심도 결국 사랑의 능력 가운데 있습니다.

대등한 관계가 사랑으로부터 기인합니다. 하나님이 전능하신 분일 뿐이라면, 거기에는 어떤 대등한 관계도 존재하지 않습니다. 왜냐하면 전능하신 분에게 피조물은 아무것도 아니기 때문입니다. 그러나 사랑 안에서 피조물은 중요한 자입니다. 얼마나 이해 불가능한 사랑의 전능인가요!

이 **사랑의 전능**과 비교할 때, **무로부터 창조한 전능**, 이 이해 불가능한 것은 더 잘 이해할 수 있을 것 같습니다. 그러나 스스로를 억제하고 있는 이 사랑의 전능(모든 창조의 발생보다 얼마나 놀라운 것인가요!), 친절하게도 창조된 존재를 스스로와의 관계를 통해 중요한 존재로 바꾸는 사랑의 전능—얼마나 놀라운 사랑의 전능인가요!

조금만 마음을 열어보십시오. 이것은 그렇게 어렵지 않습니다. 이것은 큰 축복이 될 것입니다. 무로부터 창조한 전능은 사랑의 전능만큼 이해 불가능한 것이 아닙니다. 이 사랑의 전능이 (하나님의) 전능 앞에서는 아무것도 아닌 비참한 자wretched nothing를 (하나님의) 사랑 앞에서 중요한 자something로 바꿉니다.

사랑의 요구

그러나 바로 이런 이유로 사랑은 또한 인간에게 무언가를 요구합니다. 전능자Almagten, omnipotence는 아무것도 요구하지 않습니다. 전능에게 인간이 아무것도 아닌 존재 무,nothing말고 어떤 다른 존재가 되는 일은 일어나지 않습니다. 전능자에게 인간은 아무것도 아닌 존재nothing일뿐입니다. 따라서 인간에게 무언가를 요구하는 분은 **전능하신 하나님**이고, 그때 아마도 조금 양보하는 분은 사랑의 하나님이라고 말하는 것은 오해입니다.

무한하신 하나님의 사랑이 이미 존재하고 있다는 것을 망각할 수 있다니, 얼마나 슬픈 오해인가요! 사람이 하나님을 위해 존재할 수 있도록, 무언가를 요구하는 문제가 가능하도록 하는 것이 무한하신 하나님의 사랑입니다.

전능하신 하나님이 당신에게 무언가를 요구했다면, 바로 그 순간에 당신은 아무것도 아닌 존재입니다. 그러나 이해 불가능한 사랑으로 당신을 중요한 존재로 만드시는 사랑의 하나님은 친절하게 당신에게 무언가를 요구하십니다. 인간관계에서 당신에게 무언가를 요구하는 것은 권력자의 힘이고, 양보하는 것은 그의 사랑입니다. 그러나 하나님과의 관계에서는 그렇지 않습니다.

이 세상에서 당신을 아무것도 아닌 존재로 만들 만한 어떤 힘도 없습니다. 따라서 무언가를 요구하는 것은 그의 힘입니다. 그러나 하나님께 당신은 아무것도 아닌 존재입니다. 따라서 사랑이 당신을 중요한 존재로 만드는 것처럼, 당신에게 무언가를 요구하는 것은 그분의 사랑입니다. 하나님의 전능이 인간을 짓밟는다고 말합니다. 그러나 이것은 그렇지 않습니다.

사람을 짓밟기 위해 하나님의 전능이 그렇게 많이 필요치 않습니다. 왜냐하면 하나님의 전능 앞에 사람은 아무것도 아닌 존재이기 때문입니다. 사람을 중요한 존재로 만듦으로써 최후의 순간까지도 사랑을 나타내는 것은 하나님의 사랑입니다. 전능이 그에게 등을 돌릴 때, 화가 있을지라.

따라서 인간을 중요한 존재로 만드는 사랑(**전능은 그를 존재하게 하지만, 사랑은 하나님을 위해 존재하게 한다**)은 친절하게 그에게 무언가를 요구합니다. 자, 여기에 대등한 관계가 있습니다. 사랑이 만든 이 중요한 존재를 이기적으로 자신을 위해 간직하기를 바란다면, 이기적으로 이 중요한 존재가 되기를 바란다면, 그때 그는 세상적인 의미에서 강합니다. 그러나 하나님은 약합니다. 이것은 마치 가엾은 사랑의 하나님이 속은 것처럼 보입니다.

이해 불가능한 사랑에서, 하나님은 사람을 중요한 존재로 만드십니다. 그때 사람은 하나님을 속입니다. 이 중요한 존재가 마치 **자신의 소유인 것처럼** 간직합니다. 세속적인 사람은 강하다고 생각하며 스스로를 더욱 방어합니다. 아마도 다른 사람의 세속적인 판단에 의해 동일한 생각을 갖게 되면서 스스로를 방어하게 된 것입니다. 그는 당연히 능력 presumed strength을 갖게 된 것처럼 세상의 모양을 바꿉니다. 그러나 하나님은 약합니다.

그렇지만 사랑이 허락했던 이 중요한 존재를, 자신의 길로 가기 위한 자유와 독립을 포기한다면, 이를 헛된 것으로 여기고 하나님을 위해 존재하기 위해 그가 이것, 그의 완전성을 오용하지만 않는다면, 이것과 관련하여 하나님이 어려운 고난을 줌으로, 그의 중요한 재산을 빼앗음으로, 그의 가장 상처입기 쉬운 지점에 상처를 입힘으로, 그의 단 하나뿐인 소원을 거절함으로써, 그의 최후의 소망을 빼앗음으로 그를 돕는다면, 그때, 그는 약합니다. 그렇습니다, 모든 사람은 그에게 말할 것이고 그에 대하여 약하다고 말할 것입니다.

이것이 모든 사람들이 그에 대해 생각하는 방식입니다. 누구도 그와 함께 일하지 않을 것입니다. 왜냐하면 그는 짐처럼 보일 뿐이니까요. 그들의 동정은 이 짐을 품을 수 있어야 합니다. 그는 약합니다. 그러나 하나님은 강합니다. 약한 자, 그는 이 중요한 존재를 완전히 포기했습니다. 사랑이 그에게 만들어 준 이 중요한 존재를. 그가 소유할 수 있었던 이 모든 것, 이것을 하나님께서 빼앗아 가기를 진심으로 동의했습니다.

하나님은 그가 사랑 안에서 겸손하고도 기쁘게 동의하기를 기다리고 있을 뿐입니다. 그리하여 그가 완전히 그것을 포기하기를 기다립니다. 그래서 그는 완전히 약합니다. 그러나 그때 하나님은 가장 강합니다. 하나님을 방해하는 자는 오직 한 사람뿐입니다. **영원히 가장 강하신 분인 이분을 방해하는 자, 그는 스스로 가장 강한 자가 된 이 사람, 자기 자신입니다.**

그때, 하나님이 가장 강하다는 것은 한 가지에 의해서만 인식됩니다. 곧, 그 사람이 완전히 약할 때입니다. 하나님께 단 하나의 장애물이 있습니다. **사람의 이기심**입니다. 이기심은 지구의 그림자가 월식을 일으키는 것처럼 사람과 하나님 사이에 그림자를 드리웁니다. 이런 이기심이 있다면, 그는 강합니다. 그러나 그의 강함은 하나님의 약함입니다. 이런 이기심이 사라진다면, 그는 약하고 하나님은 강합니다. 그가 약해질수록, 그의 안에 하나님은 더욱 강해집니다.

그러나 이 경우, 그 관계는 다른 의미에서, 진리의 의

미에서, 역전됩니다. 이제 우리는 이 기쁨 앞에 섭니다.

이 기쁨

하나님 없이 강한 자, 그는 사실 약합니다. 아이의 강함과 비교하자면, 그가 홀로 서 있는 강함이 강함일 수 있습니다. 그러나 하나님 없이 그가 홀로 서 있는 강함은 약함입니다. 하나님은 그에게 모든 강함, **강함 자체가 될 정도로 강한 자**이십니다. 따라서 하나님 없이 존재하는 것은 강함 없이 존재하는 것입니다. 따라서 하나님 없이 강하다는 것은 강함 없이 강하다는 것입니다. 이것은 하나님을 사랑하는 것 없이 사랑하는 것과 같습니다. 다시 말해, 사랑 없이 사랑하는 것입니다. 왜냐하면 하나님은 사랑이니까요.[06]

그러나 완전히 약해진 사람, 그의 안에 하나님은 강해집니다. 예배하고, 찬양하고, 사랑하는 자, 그는 점점 더 약해집니다. 그는 스스로 참새보다 하나님 앞에 보잘것없는 자가 됩니다.[07] 그는 무nothing와 같습니다. 그때 그의 안에 하나님은 점점 더 강해집니다. 하나님이 그의 안에 점점 더 강해진다는 것, 이것은 그가 점점 더 강해진다는 것을 의미합니다.

당신이 완전한 순종에서 전적으로 약하다면, 그리하여 하나님을 사랑한다면, 아무것도 할 수 없다는 것을 깨닫게 될 것입니다. **세상의 모든 권력자가 당신에 맞서 연합한다 해도, 당신의 머리털 하나 건드릴 수 없습니다. 얼마나 무시 무시한 힘인가요!**

그러나 이것은 실제로 사실이 아닙니다. 무엇보다 사실이 아닌 것을 말하지 맙시다. 권력자들은 확실히 당신의 머리털을 건드릴 수 있습니다. 그들은 당신을 죽일 수도 있습니다. 당신을 죽이기 위해 세상의 모든 권력자들의 큰 연합이 필요하지도 않습니다. 그들은 훨씬, 훨씬 더 적은 힘으로도 그것을 할 수 있습니다. 아주 쉽게 말입니다. 그러나 당신이 완전한 순종에서 전적으로 약하다면, 이 땅의 모든 권력자들이 다 연합한다 해도, **하나님의 뜻이 아니고는 다른 어떤 방법으로도 머리털 하나 건드릴 수 없습니다.**

이런 식으로 머리털이 건드려진다면, 그렇습니다, 당신이 **이런 식으로** 모욕당한다면, 그렇습니다, 당신이 **이런 식 으로** 죽음에 이르게 된다면, 곧, 완전한 순종에서 전적으로 약하다면, 그때 하나님을 사랑하는 중에 있는 당신에게 아무것도 해를 가할 수 없다는 것을 깨닫게 될 것입니다. 눈곱만큼도 말입니다! 그때 이것이 당신의 진정한 행복이었다는 것을 깨닫게 될 것입니다. 얼마나 무시무시한 힘인가요!

가장 강한 자가 그의 약함 중에 하나님이 강한 자가 아니더라도, 하나님이 점점 더 강해진다는 것, 점점 더 강해지는 자가 하나님이라는 것, 이것도 기쁨이요, 복입니다. 불완전할지라도, 개인과 하나님 사이의 관계에서 예배의 진리 the truth of worship에 상응하는 한 사람과 다른 사람과의 관계에 대하여 말해봅시다.[08] 존경admiration, beundring에 대하여 말해봅시다. 존경은 본질적으로 이중성이고 두 가지 측면에서 볼 수 있습니다. 존경의 첫 번째 측면은 존경하고 있는 자가 자기 자신과 우월성superiority, Overlegenheden와 관계할 때 약함의 감정이 있습니다. 그러나 존경은 우월성과의 행복한 관계입니다.

따라서 이것은 복된 감정입니다. 그 안에서는 자기 자신과 진실한 일치가 있습니다. 아마도 존경을 받는 것보다 존경하는 것이 훨씬 더 복이 있습니다. 그러나 존경하는 자가 그의 첫 번째 감정에서 어떤 고통이 보인다면, 우월성을 알아보고 기쁘지 않게, 메스껍게 이 사실을 받아들인다면, 그는 행복과는 거리가 멉니다. 반대로 그는 극도로 불행합니다. 그에게는 가장 극한의 고통이 있습니다.

그러나 그가 근본적으로 불행하게 존경했으므로 우월성에 순복하자마자, 존경하는 중에 순복하자마자, 이 기쁨이 그의 안에 승리를 얻게 됩니다. 그가 더욱 순복하면 할수록, 존경하는 중에 자기 자신과 더욱 일치할수록, 그는 우월성보다 더 우월해지는 데에 더욱 가까워집니다. 존경하는 중에 형용할 수 없이 행복하게 우월성의 모든 압력으로부터 자유로워집니다. 그는 우월성에 항복한 것이 아닙니다. 오히려 존경하는 중에 승리를 얻은 것입니다.

한 사람과 다른 사람의 관계에서 존경은 사람과 하나님의 관계에서 예배와 일치하는 한, 어떤 불완전함이 있는지는 잊어버립시다. 하나님은 무한히 가장 강한 분이십니다. 근본적으로 사람은 누구나 그것을 믿습니다. 그리고 원하든 원치 않든, 그 정도로 하나님의 무한한 우월성과 자신의 하찮음을 느낍니다.

그러나 하나님이 더 강한 분이라는 것을 믿을 뿐이라면, 더 끔찍한 것을 말해봅시다. 심지어 미신도 이것을 믿고 두려워 떨 줄 압니다.[09] 그가 시인하는 것을 회피하는 정도로 이것을 믿을 뿐이라면, 그가 하나님은 강한 분이라는 것을 믿기에 기쁘지 않은 한, 그 관계는 고통스럽고 불행합니다. 그의 약함의 감정은 괴로운 느낌뿐입니다.

반항과 예배와의 관계는 질투envy와 존경admiration과의 관계와 같습니다.[10]

반항은 약함과 무력함입니다. 반항은 약해지고 무력해지기를 원하지 않음으로써 불행해집니다. 질투가 근본적으로 존경하기를 원하지 않기 때문에 스스로 학대하는 것처럼, 반항은 약함과 무력함과 우월성과의 불행한 관계입니다.

이미 존경의 관계에서 제시된 것처럼(존경하는 사람은 더 위대한 자에 대한 경탄으로 자신을 상실한다) 사람에게 요구되는 것은 하나님에 대한 경탄으로 자신을 상실하는 것입니다. 그가 마음을 다하고, 힘을 다하고, 뜻을 다하여 이것을 한다면,[11] 그는 강한 자로서 하나님과 행복한 관계 가운데 있습니다. 그때 그는 예배합니다.

아무리 사랑하는 자라 하더라도 약함 중에 있는 예배자만큼 행복할 수 없고, 가뭄에 찌들어버린 땅이 아무리 단비의 신선함을 맛본다 하더라도 약함 중에 있는 예배자가 하나님의 강함을 맛보는 것만큼 달콤할 수 없습니다.

이제 이 둘은 서로 잘 어울립니다. 사랑하는 자들이 서로 잘 어울린 적이 없었으므로, 하나님과 예배자, 이 둘은 이제 기쁘고 행복합니다. 이제 예배자의 유일한 소원이 있다면, 약해지고 더 약해지는 것입니다. 왜냐하면 이것이 더욱 예배하는 것을 의미하기 때문입니다. 예배자의 유일한 바람이 있다면, 하나님이 강해지고 더 강해지는 것입니다.

예배자는 자신을 상실했습니다. 이것이 그가 그토록 제거하기 바랐던, 도망치기 바랐던 유일한 것입니다. 그는 하나님을 얻었습니다. 그래서 하나님이 강해지고 더 강해지는 것, 이것은 직접적인 그의 관심일 수밖에 없습니다.

예배자는 나약한 자입니다. 이것이 그가 다른 사람에게 나타나야 하는 방식입니다. 이것이 겸손해지는 길입니다. 그는 전적으로 약합니다. 다른 사람과 달리, 그는 평생 어떤 의사결정에 이를 수 없습니다. 아니, 그는 전적으로 약합니다. '주의 뜻이 아니면'[12]이라는 말을 보태지 않고 내일 어떤 의사결정도 할 수가 없습니다. 자신의 능력도, 재능도, 솜씨도, 어떤 영향도 자랑할 수 없습니다. 자신이 할 수 있는 일에 대한 어떤 자랑스러운 말도 할 수가 없습니다. 왜냐하면 그는 아무것도 할 수 없기 때문입니다.

이것이 겸손해지는 길입니다. **내적으로** 얼마나 큰 축복인가요! 그의 나약함, 이것이 하나님과의 사랑의 비밀이요, 예배입니다. 그가 스스로 더 약해질수록, 더욱 강렬하게 예배할 수 있습니다. 그가 더욱 예배할수록, 더욱 약해지고, 더욱 복을 받습니다.

그때, 약해질수록, 당신 안에 하나님은 더욱 강해진다는 것이 기쁘지 않습니까? 혹은 당신이 약해지는 것이 기쁘지 않습니까? 당신에게 통탄할 일이 일어났기 때문에, 당신이 가장 두려워하는 무엇, 당신을 전적으로 나약하고 무력하게 하는 무슨 일이 일어났기 때문에 불평할 만한 것이 있습니까? 다시 말해, 약해질수록, 당신 안에 하나님은 더 강해지는 것에 대한 불평이 있습니까? 아니, 이것은 기쁩니다. 오, 당신 스스로 이것을 인정할 것입니다!

사람이 평생 자기만족에 빠져 교만하다면, 그래서 누구도 존경하는 일이 없이 살아간다면 이것이 얼마나 궁핍한 일인지 생각해 보십시오. 사람이 평생 하나님에 대해 놀라지도 않은 채 살아간다면, 하나님에 대하여 놀란 나머지 예배하는 중에 자신을 상실한 경험도 없이 살아간다면, 이것은 얼마나 끔찍한가요!

그러나 스스로 약해짐으로써만이 예배할 수 있습니다. 당신의 나약함이 본질적으로 예배입니다. 아마 상상 중에 강한 자, 강한 자처럼 하나님께 예배할 만큼 뻔뻔하고 건방진 자에게 화가 있을 것입니다. 진실한 하나님은 영과 진리로만 예배를 받으십니다.[13] 그러나 진리란 당신이 전적으로 약하다는 데에 있습니다.

따라서 세상에서 두려워할 아무것도 없습니다. 당신에게 모든 능력을 빼앗고 전적으로 약하게 할 수 있는 것은 아무것도 없습니다. 당신의 모든 자기 확신을 부수고 전적으로 약하게 할 수 있는 것은 아무것도 없습니다. 이 땅에서 당신의 용기를 완전히 짓누르고 전적으로 약하게 할 수 있는 아무것도 없습니다. 왜냐하면 약해질수록, 당신 안에 하나님은 더 강해지니까요.

아니, 이런 식으로 이해할 때, 이 세상에 두려워할 것은 아무것도 없습니다. 왜냐하면 유일하게 죄만이 인간의 타락이니까요.

참고자료

01 이 부분은 고린도후서 12:9-10을 참고하라. "나에게 이르시기를, 내 은혜가 네게 족하도다. 이는 내 능력이 약한 데서 온전하여짐이라 하신지라. 그러므로 도리어 크게 기뻐함으로 나의 여러 약한 것들에 대하여 자랑하리니, 이는 그리스도의 능력이 내게 머물게 하려 함이라. 그러므로 내가 그리스도를 위하여 약한 것들과 능욕과 궁핍과 박해와 곤고를 기뻐하노니 이는 내가 약한 그 때에 강함이라."

02 이 부분은 결혼 예식 중에 서로 헌신 서약하는 한 장면을 의미한다.

03 이 부분은 자연의 힘에 대해 말한 것으로, 일반적으로 물리적인 세계를 나누는 네 가지 요소인, 불, 공기, 물과 땅을 의미한다.

04 고린도후서 12:9, "나에게 이르시기를 내 은혜가 네게 족하도다. 이는 내 능력이 약한 데서 온전하여 짐이라. 하신지라. 그러므로 도리어 크게 기뻐함으로 나의 여러 약한 것들에 대하여 자랑하리니, 이는 그리스도의 능력이 내게 머물게 하려 함이라." 또한 다음을 참고하라. Four Upbuilding Discourses(1844), Eighteen Discourses, p. 377-401, KW V (SV V 149-68).

05 이 부분은 헤겔의 인정투쟁을 이해하면 더 잘 이해할 수 있을 것이다. 헤겔의 <주인과 노예의 변증법>을 간단히 소개하면, 주인과 노예의 투쟁의 본질은 인정받고 싶은 욕구에 있다. 예들 들어, 노예가 어느 날 바이올린을 만들었다고 하자. 바이올린은 노예가 만든 작품이다. 주인은 노예가 만든 바이올린에 만족하여 바이올린을 주인의 집에

간직한다. 하지만 노예는 자신이 만든 바이올린보다 못한 취급을
받고 주인집은커녕, 개집 옆에서 잠을 청한다. 이런 노예는 주인에게
인정받고 싶어 목숨을 건 투쟁에 돌입한다는 것이다. 왜냐하면
바이올린을 만든 노예는 바이올린보다 더 귀한 존재이기 때문이다.

키르케고르는 이 부분을 하나님의 창조의 전능과 비교하여 설명한다.
무로부터 창조하신 하나님의 창조의 전능보다 사랑의 전능은 더욱
고차원적이다. 인간의 근본적인 욕구는 자신보다 자신이 만든 작품이
더 고귀해지는 것을 견딜 수 없다. 하지만 전능의 하나님은 인간을
피조물로 만드시고 그럼에도 불구하고 이 피조물과 대등한 관계를
원하신다는 것이다. 바로 이것이 인간이 이해할 수 없는 하나님의
사랑의 전능이다.

06 요한일서 4:16, "하나님이 우리를 사랑하시는 사랑을 우리가 알고
믿었노니, 하나님은 사랑이시라. 사랑 안에 거하는 자는 하나님 안에
거하고 하나님도 그의 안에 거하시느니라."

07 다음을 참고하라.

마태복음 10:29, "참새 두 마리가 한 앗사리온에 팔리지 않느냐?
그러나 너희 아버지께서 허락하지 아니하시면 그 하나도 땅에
떨어지지 아니하리라."

누가복음 12:6, "참새 다섯 마리가 두 앗사리온에 팔리는 것이
아니냐? 그러나 하나님 앞에서는 그 하나도 잊어버리시는 바 되지
아니하는도다."

08 요한복음 4:23-24를 참고하라. "아버지께 참되게 예배하는 자들은 영과
진리로 예배할 때가 오나니 곧 이 때라. 아버지께서는 자기에게 이렇게
예배하는 자들을 찾으시느니라."

09 야고보서 2:19, "네가 하나님은 한 분이신 줄을 믿느냐? 잘하는도다
귀신들도 믿고 떠느니라."

10 이 부분에 대하여는 다음을 참고하라. The Sickness unto Death,
XI 195-199, 한글 역본 《죽음에 이르는 병》박환덕 역 (서울: 범우사,
2002), 137-44쪽. 《죽음에 이르는 병》의 저자인 안티클리마쿠스는
실족에 대해 이야기하면서, 다음과 같이 말한다.

"실족offense이란 무엇인가? 실족이란 불행한 존경이다. 따라서 이것은 질투와 관계한다. 하지만 실족은 자기 자신을 향한 질투다. 이것은 더 고차원적으로 자기 자신을 향한 악화된 질투다. 자연적인 사람의 무자비함이란 하나님이 그를 향해 준비한 독특한 것을 받아들일 수가 없다. 그래서 그는 실족한다.…실족을 이해하기 위해서는 인간의 질투를 연구하는 것이 필요하다. 이 연구가 나의 과제이고 보다 철저하게 이에 대하여 연구했다고 자부한다. 질투는 은밀한 감탄secret admiration이다. 헌신에 의해 행복할 수 없는 감탄자는 감탄한 것을 시기하기 시작한다.…존경이란 행복한 자기포기이고, 질투란 불행한 자기주장이다. 실족도 이와 같다. 사람과 사람 사이의 관계에서 존경과 질투와의 관계는 하나님과 사람 사이에서 예배와 실족과의 관계와 같다."

11 마가복음 12:30, "네 마음을 다하고 목숨을 다하고 뜻을 다하고 힘을 다하여 주 너의 하나님을 사랑하라 하신 것이요."

12 야고보서 4:13-15, "들으라, 너희 중에 말하기를 오늘이나 내일이나 우리가 어떤 도시에 가서 거기서 일 년을 머물며 장사하여 이익을 보리라 하는 자들아, 내일 일을 너희가 알지 못하는도다. 너희 생명이 무엇이냐? 너희는 잠깐 보이다가 없어지는 안개니라. 너희가 도리어 말하기를 주의 뜻이면 우리가 살기도 하고 이것이나 저것을 하리라 할 것이거늘"

13 요한복음 4:23-24, "아버지께 참되게 예배하는 자들은 영과 진리로 예배할 때가 오나니, 곧 이때라. 아버지께서는 자기에게 이렇게 예배하는 자들을 찾으시느니라. 하나님은 영이시니, 예배하는 자가 영과 진리로 예배할지니라."

Chapter
5

시간에서 상실한 것을
영원히 얻는 기쁨

Det Glædelige i: at hvad Du taber timeligt, det vinder Du evigt

영원이 가까이 있습니까

이것이 유익이라는 것을 알기는 너무 쉽습니다. 왜냐하면 불균형이 너무 심해 유리한 거래를 하려는 어떤 상인도 그렇게 유리한 거래를 할 수 없으니까요. 어려움은 다른 곳에 있습니다. 혹은 그것을 이런 식으로 표현하자면, 오히려 어려움은 거래가 체결되는 곳에 있습니다. 곧, 어려움은 시간temporality, Timeligheden에 있습니다.

사람이 영원eternity 가운데 있었다면, 이것을 쉽게 이해할 수 있었을 것입니다. 그러나 시간에서, 손실의 순간에, 따라서 시간이 자기 자신을 가장 강하게 주장하는 곳에서, 영원은 무한히 멀리 있는 것처럼 보입니다. 이런 의심할 바 없는 특이한 유익은 오랜 시간 동안 오지 않을 것처럼 보입니다. 이런 어려움이 있다면 이야 그런 큰 유익이 다 무슨 소용인가요!

손 안에 있는 한 마리의 새는 지붕 위의 열 마리의 새보다 낫습니다.[01] 약간의 작은 유익이, 거대하지만 불확실한 유익보다 더 선호되는 것처럼 보입니다. 맞습니다, 시간에서 모든 일이 뒤집어 지는 것처럼 보입니다. 그러나 영원이 불확실하다는 것, 이보다 더 뒤집는 생각은 없습니다. 영원을 버리는 것, 그것은 불확실하니까요. 시간적인 것을 잡는 것, 그것은 확실하니까요. 이보다 더 뒤집는 **지혜**Klogskab는 없습니다.

그럼에도 불구하고 영원eternity이 확실하다는 것, 이것을 발견할 만한 기회를 즉각적으로 얻지 못한다면, 시간적인 것이 불확실하다는 경험을 할 만한 기회를 곧 갖게 될 것입니다. 따라서 누군가 손 안에 있는 시간적인 것을 잡고 있으면서, "나는 확실한 것을 붙들고 있습니다."라고 말하는 것만큼 바보같은 말도 없습니다.

하지만 언급한 대로, 어려움은 거래가 체결되어야 하는 곳에 있습니다. 사람은 자신의 죽음이 명확해지자마자, 시간과 영원을 교환하는 것은 쉽습니다. 그러나 시간에서 시간적인 것을 영원한 것으로 대체하는 영원의 이해를 얻는 것, 시간에서 잃은 것을 영원히 얻을 수 있다는 영원의 이해를 얻는 것, 이것은 어렵습니다.

　그러나 고난당하는 자는 다른 방식으로 삶의 어려움을 깨달았습니다. 상실을 견디는 것이 얼마나 어려운지, 슬픔과 슬픔의 고통을 견디는 것이 얼마나 어려운지 깨달았습니다. 제공된 상실의 기쁨에 어려움이 있더라도, 이 기쁨은 여전히 선호되어야 합니다. 이 어려움이 영원을 조금이라도 더 가깝게 가져옵니다. **영원이 가까울 때, 기쁨은 완전합니다.**

　하지만 조금이라도 영원을 더 가깝게 가져오는 것, 이것은 고난당하는 자가 위로를 받는다면, 그의 위로가 기쁨이 된다면, 모든 고난당하는 자에게 결정적입니다. 의약 기술에 모든 질병을 치료할 수 있는 단 하나의 기적의 치료제가 있는지, 저는 잘 모릅니다. 그러나 영적으로 단 하나인 단순한 치료제가 있습니다. 그것은 **영원**eternity입니다.

　어려움은 다만 영원을 가깝게 놓는 데 있습니다. 보십시오, 예를 들어, 아이는 유행을 따라 그림을 그릴 수 있습니다. 예술가가 아닌 사람도 유행을 따라 그릴 수 있습니다. 그러나 그들이 그린 모든 것은 평평한 종이에 위 아래로 선을 그은 것입니다. 어려움이 무엇인지 예술가에게 물어보십시오. 그러면 그가 원근법, 곧 관점의 거리라고 대답하는 것을 듣게 될 것입니다.

영원과 관련하여, 어려움은 정반대입니다. 곧, 영원은 아주 멀리 있는 것처럼 보입니다. 그때 **과업이란 가능한한 가까이 영원을 가져오는 것입니다.** 시간의 의미에서, 지혜롭지 못한 자는 성급합니다. (그리고 시간이 지배할수록, 지혜는 더 감소하고 성급함은 더 증가합니다.) 이것은 마치 그가 상실했던 것을 영원히 회복하기보다, 그것을 회복하기 위해 영원을 기다려야 할 것처럼 보입니다.

그러나 영원이 당신에게 가깝다면, 상실한 것을 회복하지 않을 것입니다. 왜냐하면 그것은 영원에서만 일어날 것이기 때문입니다. 그럼에도 불구하고 당신이 그것을 영원히 회복하는 것은 **영원히 확실합니다.** 이것이 이럴 때, 영원은 당신에게 가까이 있습니다. 영원이 당신에게 얼마나 가까운지는 다른 상황에서도 설명할 수 있습니다. 현자는 다음과 같이 말했습니다.

"벌 받을 만한 누구나 형벌을 두려워한다. 그러나 형벌을 두려워하는 누구나 형벌로 고통당한다."[02]

어떤 의미에서 죄지은 자는 아직 그의 형벌로 고통당하지 않습니다. 다른 의미에서 형벌이 그의 뇌리를 떠나지 않을 만큼 가까이 있을 때, 그는 형벌로 고통당합니다.

이제 고난당하는 자를 강권하여 가능하다면 그의 유익을 위해 기뻐할 수 있도록 해봅시다. 그를 강권하여 제가 다음과 같이 말하는 것만큼 가능한 한 가깝게 영원을 가져와봅시다.

당신이 시간에서 잃은 것을 영원히 얻는 기쁨

상실과 멸망의 차이

시간적인the temporal **것만 시간에서**temporally **잃어버릴 수 있습니다.** 시간temporality은 당신에게 시간적인 것 말고는 어떤 것도 빼앗을 수가 없습니다. 당신에게 무언가를 빼앗은 것이 시간이라는 것을 알 때, 당신은 시간이 가져가는 것은 **시간적인 것이어야만 한다는 것을 즉각적으로 압니다. 영원한 것을 시간에서 잃어버리는 끔찍한 일이 발생한다면,** 우리는 더 이상 '**상실**loss, Tab'에 대하여 말하지 않습니다. 그것은 '**멸망**perdition, Fortabelse'입니다.

상실은 시간적인 것과 관련이 있습니다. 상실에 대한, 상실의 고통과 아픔에 대한 문제가 있을 때, 위로와 격려와 기쁨을 주기 위해 무언가 말하려 한다면, 고난당하는 자는 자신의 영혼에 해를 가하는 죄를 범한 것이 아니라고 생각합니다.[03] 어떤 상실에 기인하지 않은 무언가 있다고 생각합니다.

이런 일이 일어난다면, 그가 시간 안에서 상실한 것이 영원한 것이라면, 그때는 완전히 다른 무언가를 말해야 합니다.

따라서 이 강화에서 언급하는 고난당하는 자는, 상실의

고통이 아무리 가혹해도, 그가 영원과의 관계를 온전하게 유지해왔다고 생각합니다. 그는 영원의 도움으로 위로를 받아야 합니다. 저 상실이 '그의 슬픈 마음이 죄를 짓도록 하기 위해'[04] 그에게 힘을 행사한다면, 그가 절망하여 길을 헤매도록 힘을 행사 한다면, 그때는 완전히 다른 무언가를 말해야 합니다.

위로의 말을 건네기 전에 무엇보다 죄에 대해 회개의 말을 전해야 합니다. 고난에 대해 위로와 기쁨의 말을 즉시 건넬 수도 있습니다. 위로하는 이야기가 기독교적이라면, '어려운 말'[05]일지라도 그렇습니다.

무엇보다 우리가 강도질, 살인, 술 취함과 같은 것들이 죄일 뿐만 아니라[06] 죄란 근본적으로 '**시간에서 영원한 것을 상실하는 것**'이라는 사실을 잊지 맙시다. 우리는 너무 자주 이것을 잊어버립니다. 그렇습니다. 심지어는 권위를 부여받는 영적인 상담가도 먼저 고난당하는 자의 상태도 조사하지 않고 즉시 위로하려는 경향이 있습니다. (따라서 실패하고 맙니다.) 하지만 의사가 환자의 상태를 먼저 검사하듯, 먼저 상태를 조사하는 것이 올바르지요.

잘못된 자리에서의 엄밀함이 해로울 수 있는 것처럼, 잘못된 자리에서의 온화함 역시 해로울 수 있습니다. 고난당하는 자가 근본적으로 엄밀한 무언가를 들어야 한다고 느낄 때, 따라서 그가 병이라고 인식하지 못한 것을 보여주는 위로와 위로자에게 혐오감을 느낄 때, 그때 존재하는 온화함입니다.

여자, 모든 사람들 중에 가장 사랑스러운 여인에 대해 생각해 봅시다. 우리는 진실로 그런 사람을 상상할 수 있습니다. 여인의 순결함과 함께 하고 있는 더 명백한 죄들에 대하여 생각하는 것은 참으로 역겹습니다. 아, 그러나 또한 허영, 교만, 질투와 오만은 이 여인의 사랑스러운 영혼에게 낯설군요.

여인은 사랑하는 자를 상실했습니다. 슬픈 그녀의 마음이 죄를 지었다면, 절망 중에 "나는 하나님이나 영원에 대하여 아무런 관심이 없다"고 말했다면, 솔직히 말해 그때 확실히 위로는 모든 것들 중에 가장 해로운 것이 되었을 것입니다. 당신이 여인의 고통에 충격을 받아 마음이 사로잡힌다 해도, 네, 동정심이 생겨 모든 것을 주고, 당신의 목숨까지 준다 해도, 가능한한 그녀를 위로하는 것, 이 얼마나 끔찍한가요! 당신이 영적인 안내자였다면, 엄격함을 사용할 만한 용기가 없었다면, 얼마나 끔찍한가요!

혹은 당신은 이런 의사를 어떻게 생각하는지요? 그는

열병을 앓고 있는 환자의 갈증에 대한 끔찍한 인상을 받았기 때문에, 감히 그를 금하지 못하고 동정심이 생겨 찬물을 처방했습니다. 다시 말해 동정심으로 인해 환자를 죽인 것입니다!

그때 고난당하는 자가 무엇을 상실했든, 개인적으로 하나님의 질서divine order[07]를 방해하는 죄를 범하지 않았다면, 시간적인 것은 시간에서만 상실될 뿐입니다. 왜냐하면 사람이 자신 안에 영원한 것을 갖고 있다면, 영원한 것을 상실할 수 있으나, 이것은 상실하는lose, tabe 것이 아니라, 망하는be lost, fortabes 것이기 때문입니다. 사람 안에 영원한 어떤 것도 없다면, 그는 망할 수 밖에 없습니다.

한 측면에서는 이렇습니다: **시간적인 것은 시간에서만 상실될tabes 수 있습니다.** 다른 측면에서는 이렇습니다: **영원한 것은 영원히 획득될 수 있습니다.** 사람이 영원한 것을 시간에서 얻기를 바랄 만큼 건방지다면, 이것은 다시 멸망perdition, Fortabelse입니다.

누군가 이 땅의 유익을 얻기 위해 영원한 것을 붙잡기 원한다면, 그는 망하고fortabt 맙니다. 누군가 성령을 돈을 주고 사기를 바란다면,[08] 그는 망하고 맙니다. 왜 망하겠습니까? **시간에서 영원한 것을 상실했기 때문입니다.** 영원한 것을 시간적인 것으로 축소함으로 영원한 것을 상실한 것입니다.

목표나 목적은 수단보다 언제나 더 높습니다.[09] 그때 이 땅의 유익을 얻기 위해 영원한 것을 얻으려 한다면, 이 땅의 유익이란 그에게 영원한 것보다 더 높은 것입니다. 그러나 이 경우에, 그는 영원한 것을 상실했습니다. 사람이 영원한 것을 상실했다면, 이 사람은 망한 것입니다. 영원한 것은 이런 상실loss, Tab과 저런 상실에 대한 모든 이야기들과 혼합되기를 바라지 않습니다. 영원한 것이 상실되자마자, 그 언어를 포함하여 모든 것은 변화됩니다. 곧, 그때 그것은 멸망 Fortabelse입니다.[10]

지금 우리가 기쁨을 포획하기 위해, 기쁨으로 고난당하는 자를 사로잡기 위해 이 생각을 한데 모아보겠습니다. 시간적인 것이 시간에서만 상실되고 영원한 것은 영원히 상실된다면, 유익은 분명합니다. 시간을 상실하면 영원을 얻습니다.

오, 당신 고난당하는 자여, 당신이 무엇을 상실했든, 시간적인 것만을 상실했습니다. 다른 것을 상실하는 것은 불가능합니다. 당신이 무엇을 상실했든, 얻을 만한 것, 곧 영원한 것이 존재합니다. 당신은 그것을 영원히 얻습니다.

당신은 망하기를 원치 않습니다.(그런 일이 일어나려면, 스스로 그것을 원해야 합니다), 이런 생각으로 저 깊은 영혼 안에서 두려워 떱니다. 이런 생각의 엄격한 진지함과 당신의 떨림이 망하기 원치 않는다는 것을 보증합니다. 당신에게 위로가 박탈되지 않을 것을 보증합니다. 그때 당신의 상실이 아무리 무거워도, 그 기쁨이란 당신이 시간에서 상실한 것을 영원히 얻는 데 있다는 것은 명백합니다. 그러나 아마도 당신은 말합니다.

"나의 영혼이 내가 상실한 것을 붙잡고 있을 때처럼 영원은 정확히 그것을 나에게 돌려줄 수 있나요?"

오, 확실하지 않습니다. 이때 이 강화는 유익에 대한 것이 아닙니다. 다시 말해, 이 강화는 상실한 것을 영원히 돌려받는 유익에 대한 것이 아닙니다. 그러나 아마도 당신의 이 질문에는 약간의 교활함이 숨겨져 있습니다. 즉, 상실하는 한, 그것은 당신에게서 빼앗겨진 것이지 스스로 빼앗은 것이 아닙니다. 그러나 이를 통해 상실된 것을 당신이 진실로 내려놓기를 원했다는 결론에 이르지 않습니다.

아마도 당신은 시간적인 것이 시간에 있었던 그대로 영

원에서 회복하기 위한 도움으로 영원을 원한 것이 아닙니다. (조심하십시오!) 시간에서 당신 눈의 기쁨, 마음의 바람, 이 또한 멸망입니다.

이 경우, 영원한 것을 영원히 얻는 것을 원한 것이 아니라, 잃어버렸던 시간적인 것을 영원에서 돌려받을 수 있기를, 이를 위해 영원한 것을 얻기를 바랐던 것입니다. 다시 말해, 당신은 시간적인 것을 영원히 얻기 위해 영원한 것을 상실하기 원하는 것입니다. 이것이 영원한 것을 시간에서 상실하는 것입니다. 이것이 멸망입니다.

당신이 상실한 것이 지상의 재물이 아니었다면, 더 고통스럽게 상처를 주는 무엇이었다면, 예를 들어, 상실한 것이 명예였다면, 다만 비방자slander가 그것을 훔쳤을 뿐입니다. 당신의 영혼이 만족할 수 없는 열정으로 이 명예를 고수하고 있다면, 그래서 이것이 당신의 유일한 소원, 유일한 바람이었다면, 당신은 이 존경받는 허영과 교만의 만족을 즐겼을 것입니다. 그러나 영원은 당신에게 이것을 돌려줄 수 없습니다!

상실한 것이 사랑하는 사람이었다면, 죽음이 그를 데려갔다면, 당신의 모든 맹렬한 열정으로 당신의 유일한 소원, 유일한 사랑인 그를 붙잡고 있었다면, 변화된 이 사랑하는 사람을 자기 마음대로 바꾸기 원했다면, (다만 상상해보시기 바랍니다. 이 얼마나 잔인한 것인가요!) 당신은 장애물이었을 것입니다. 이 경우 영원은 당신에게 그를 돌려줄 수 없습니다! 영원에서 세속적인 명예의 화려함과 상황은 존재하지 않습니다. 영원에서는 결혼도 하지 않습니다![11]

그러나 당신이 얻기 바라는 어떤 특별한 시간적인 것에 대해 왜 묻는 것인가요? 당신의 영혼이 시간에서 그것을 붙든 것이 아니라면 말입니다. 이 강화는 감히 더 멀리 가봅니다. **저 상실을 더 크게 합니다.** 시간 전체에 대해, 시간적인 모든 것들에 대해 말합니다. 그러나 <u>그때 이 강화는 상실된 시간적인 것을 내려놓는 것에 대해 말합니다.</u>

그때 당신은 왜 그리도 특별하게 시간적인 것에 대해 말하나요? 왜 그렇게 열정적인가요?

오, 조심하십시오! 그것은 마치 당장이라도 영원한 방법으로 시간적인 것을 상실하기 원하는 것처럼 보입니다. 당신의 영혼에서 영원히 빠르게 시간적인 상실을 고정시키고 <u>시간적인 상실을 영원히 기억하려는 것처럼 보입니다. 이것 또한 멸망입니다.</u>

시간적인 것이 이런 식으로 상실될 때, 그것은 시간적인 것 때문일 수는 없습니다. 왜냐하면 시간적인 것은 시간적으로만 상실되기 때문입니다. 따라서 이 부분은 상실한 자 때문임에 틀림없습니다. <u>그가 시간적인 것을 영원히 상실하기 원했던 것입니다.</u> 다시 말해, 영원한 것을 시간에서 상실한 것입니다. 곧, 그는 망한 것입니다.

시간을 상실하고 영원을 얻기

당신은 시간에서 상실한 것을 영원히 얻습니다. 그러나 시간적인 의미에서 다시 받는 것이 아닙니다. 그것은 불가능합니다. 그것은 유익도 아닙니다. 그러나 당신은 영원의 의미에서 그것을 다시 받습니다. 시간에서 상실한 것이라면, 다시 말해, **망하기 원함으로** 시간적인 것을 존재하지 않는 다른 무언가로 바꾼 것이 아니라면 말입니다.

시간적인 것의 상실이 당신을 사로잡는다면, 그래서 절망하여 영원한 것을 얻는 것에 대해 아무런 관심이 없다면, 이것은 물론 시간적인 것 때문이 아닙니다. 이 개념에 의하면 시간적인 것은 시간에서만 상실됩니다. 따라서 이것은 당신 때문입니다.

다시 말해, **당신이 망하기를 원하지 않는다면**(이 경우 '상실'에 대해 말하는 것은 무의미합니다), 그때 당신이 시간에서 상실한 것을 영원히 얻는다는 것, 이것은 영원히 확고합니다. (그것이 무엇이든, 다른 모든 사람이 그것을 가장 심각한 상실로 간주하든, 혹은 고통 중에 당신이 그렇게 간주하든 아무런 상관이 없습니다.)

시간에서 상실한 것을 영원히 얻는 것, 그것은 영원히 확고합니다. 모든 악마와 모든 소피스트들이 우리와 논쟁한다 해도, 그들은 이것을 반박할 수 없습니다.

따라서 당신이 이 세상의 친구를 상실했다면, 아마도 당신의 유일한 친구요, 가장 좋은 친구를 상실했다면, 시간이 당신에게 그를 빼앗은 것 말고 다른 방식으로 그를 잃은 것이 아니라면, 다시 말해, 시간에서 그를 잃은 것이라면, 당신은 그를 영원히 얻습니다. (**시간**은 다른 방법으로 친구를 빼앗을 수 없습니다. 당신 스스로 이에 대해 죄를 짓기 원하지 않는다면, 시간이 이에 대해 책임을 묻지 않는다면 말이죠.)

그리하여 당신은 이 세상의 친구를 상실합니다. 곧, 당신은 변화된 자를 얻습니다. 영원은 시간의 의미에서 상실된 시간을 당신에게 되돌려 주지 않습니다. 아니, 이것이 명확히 영원의 유익입니다. 영원은 상실된 것을 영원의 의미에서 되돌려 줍니다. 그리고 영원히. 당신이 망함으로 받는 것을 막지 않는다면 말입니다! (오, 망한 자를 향한 죄를 생각해 보시기 바랍니다!)

당신이 상실한 것이 지상의 재물riches이었다면, 그것을 시간에서 상실했다면(시간은 다른 어떤 방법으로도 당신에게서 이 재물을 빼앗을 수 없음을 기억하십시오), 시간이 당신에게서 재물을 빼앗는 방식과 완전히 다른 방식으로 상실하는 끔찍한 죄를 범하지 않았다면, 다시 말해 당신 자신을 상실함으로 죄를 범하지 않았다면, 재물은 시간에서만 상실된다는 진실을 이해했기에 시간에서 상실한 것을 내려놓기 원했다면, 그때 당신은 영원을 얻습니다. 당신은 시간적인 재물을 상실했습니다. 반면, 영원의 재물을 얻었습니다.

당신이 가장 좋아하는 계획이 세상에서 실패하는 것을 보았다면, 그토록 희생했던 이상이 무너지는 것을 보았다면, 하지만 시간에서만 상실했다면(기억하십시오, **시간**은 다른 어떤 방법으로도 계획이나 이상을 절대 파괴할 수 없다는 것을), 시간이 당신을 괴롭히는 방식과 완전히 다른 방식으로 이 패배로 고통당하는 끔찍한 죄를 범하지 않는다면, 다시 말해 당신 자신을 상실함으로 죄를 범하지 않았다면, 계획은 시간에서만 상실된다는 진실을 이해했기에 시간에서 상실한 것을 내려놓기 원했다면, 그때 당신은 영원을 얻은 것입니다.

당신은 시간에서 패배로 고통당했습니다. 반면 영원의 승리를 얻었습니다. 그때 당신은 시간에서 상실한 것을 영원히 얻는 것 아닌가요? 절망 중에 있는 사람이 여기 시간에서 승리하기를 원한다면, 그때 그에게 시간적인 패배가 있습니다. 곧, 모든 것은 상실됩니다. 그러나 이것은 시간 때문이 아닙니다. 이것은 그 때문입니다. 하지만 그가 자신의 마음을 극복한다면, 상실은 그에게 있는 모습 그대로 외엔 아무 것도 아닙니다. 시간적 상실일 뿐입니다. 그는 영원히 얻습니다. 그러나 아마도 고난당하는 자는 말합니다.

"그래, 맞아. 하지만 내가 다시 받은 것은 내가 상실한 것과 똑같지 않아."

확실히 똑같지 않습니다. 결국 이 강화는 유익에 대한 것입니다. 게다가, 당신이 다시 받은 것이 똑같은 시간적인 것이었다면, 물론 그때 당신은 시간에서 상실한 것이 아닙니다. 당신이 상실한 것이 시간적인 것과 영원한 것의 종합인 한, 시간은 거기에 속한 것만을 빼앗아간다면, 당신은 시간적인 것을 상실했습니다. 하지만 시간은 당신이 상실한 것으로부터 영원한 것을 빼앗지 못합니다. 당신은 영원에서 그것을 다시 받습니다. 따라서 상실된 것을 다시 받습니다.

혹은 떠난 당신의 친구는 무언가를 상실했나요? 왜냐하면 죽음은 시간에서 그에게 시간적인 것을 빼앗기 때문입니다. 죽음이 그에게 영원한 것을 간직하게 할지라도 말이죠.

소유자는 그의 재산이 늘기 때문에 상실하나요? 그러나 당신이 상실한 것이 순전하게 시간적인 것인 한, 시간은 당신에게 시간적인 것을 빼앗았습니다. 당신은 시간적인 것을 상실했지만 그 상실에서 그에 상응하는 영원한 것을 얻었습니다. 당신은 그것을 영원에서 다시 받습니다. 따라서 당신은 **영원히 그것을 받습니다.** 정확히 당신이 **시간에서 상실했던 그것을 말입니다.**[12]

이것이 기쁘지 아니한가요? 시간에서, 상실이 있는 곳마다, 상실의 고통이 있는 곳마다, 영원은 바로 그곳에서 고난당하는 자에게 그 피해에 대한 보상 그 이상을 제공합니다. **결국 고난당하는 자는 시간적인 것과 영원한 것의 종합입니다.**

시간이 가할 수 있는 최대의 상실로 그에게 해를 입힌다면, 그때 문제는 이것입니다. 곧, 그가 자신과 영원에 반역하며, 있는 모습과는 완전히 다른 것이 되도록 시간의 상실에 그 힘을 넘겨주느냐는 것입니다. 그가 영원한 것을 상실했는지, 혹은 자신과 영원에 진실해짐으로, 시간의 상실이 본질상 시간적 상실을 제외한 다른 무언가가 되지 않도록 했느냐는 것입니다.

시간에서만 상실될 수 있도록 시간에서 상실된 것을 내려놓는 것, 시간에서 시간적으로 상실된 것만을 상실하는 것, 그것은 상실한 자loser**안에 있는 영원한 것에 대한 규정**qualification of the eternal**입니다.** 그의 안에 영원이 승리했다는 표적입니다.

감각적인 개인에게 이런 승리의 기쁨은 결코 존재하지 않습니다. 여기 이생에서의 모든 싸움에서 실제적 싸움이란 언뜻 보이는 것과는 완전히 다르다는 것이 그에게서 까맣게 잊혀집니다.[13] 다시 말해, 종교적인 의미에서 삶을 잘 살아내기 위해 싸움을 하든, 포격을 받고 있는 현장에서 수십만 명 앞에 서서 싸움을 하든, 그것은 절대적으로 아무런 차이가 없습니다.

이 싸움은 지속적으로 자신의 영혼을 구원하는 데 그 목적이 있습니다. 이것은 망하는fortabes 것으로 그가 시간에서 **영원한 것을 상실하기**tabe **원하든**, 시간적인 것을 시간에서 상실함으로써 영원을 얻든, 이 싸움은 자신의 영혼을 구원하는 데 목적이 있습니다. 이것을 돌봐야만 한다는 것은 세속적인 사람에게는 완전히 망각됩니다.

따라서 시간에서 결정적으로 시간적인 것을 상실한다면, 그는 절망하고 맙니다. 곧, 그가 절망한다는 것이 명백해집니다.[14] 그러나 진실로 그의 영혼을 구원하기 원하는 자는 돌봐야만 하는 것을 봅니다. 그것을 봄으로써, 동시에 기쁨을 발견합니다. 곧, 시간에서 상실한 것을 영원히 얻습니다.

아, 스승의 엄격함이 때로는 필요한 것처럼, 이것이 집중하지 않은 것에 벌을 주려는 것이 아니라 집중하도록 하기 위한 것처럼, 산만하게 앉아 다른 모든 것들을 봄으로써 속는 것이 아니라 돌봐야만 하는 것을 볼 수 있도록 학생을 압박하기 위한 것처럼, 멸망의 두려움도 고난당하는 자가 돌봐야만 하는 것을 볼 수 있도록 돕고, 그로 인해 그 기쁨을 발견하도록 도와야 합니다.

오직 영원의 도움으로만 사람은 시간에서 상실한 것을 내려놓을 수 있습니다. 그가 시간에서만 상실할 수 있도록 말입니다. 영원이 도움을 주지 못한다면, 그는 시간적인 것 그 이상을 상실합니다. 그러나 상실된 시간적인 것의 시간에서의 상실은 상실한 자에게 영원한 것에 대한 규정입니다. 그때 영원은 확실히 그에게 가깝습니다.

두려워해야 하는 유일한 것이란 영원한 보상이 그렇게 오랫동안 오지 않는 데 있습니다. 이것은 그 기쁨을 찾는 데 있어 유일한 방해입니다. 곧, 시간에서 상실한 것을 영원히 얻는 기쁨 말입니다. 이것이 그렇다는 영원한 확신에서, 영원은 사람에게 가능한 만큼 가깝고, 필요한 만큼 가깝습니다. 그러나 영원이 도움이 될 때, 상실한 자가 시간적으로 상실한 것을 시간에서만 잃는다면, 그때 영원은 그에게 아주 가깝습니다.

이것이 이럴 때, 그 기쁨이란 시간에서 상실한 것을 영원히 얻는 데 있습니다. 당신은 상실된 것을 회복하기 위해 불확실한 50년을 기다릴 필요가 없습니다. 오, 아닙니다. 당신이 시간적으로 상실한 것을 시간에서 내려놓기 원치 않을 때만 그렇게 될 뿐입니다. 당신이 내려놓기를 원한다면, 당신 안에 영원한 것이 승리한 것입니다. 혹은 영원은 당신 안에서 승리했습니다. 그때 영원은 당신에게 방문했고, 상실한 것을 다시 받을 것은 확실합니다. 그때 당신은 쉽게 기다릴 수 있습니다.

따라서 시간의 길이를 탓하지 마십시오. 영원한 확신은

쉽게 그것을 단축시키기 때문입니다. 백 년의 수명이 있다 해도, 단 하루로 단축시키고 맙니다.

시간을 탓하지 마십시오. 시간은 당신에게서 시간적인 것을 시간에서만 빼앗기 때문입니다. 시간은 다른 어떤 것도 빼앗을 수 없고 다른 어떤 방법으로도 안 됩니다. "새가 빨리 그물로 들어가는 것처럼,"[15] 무엇보다 조급하게 당신의 파멸을 서두르지 마십시오.

당신 자신의 실수를 찾으십시오. 진지하고 엄격하게 멸망이 얼마나 가까운지 생각하십시오. 유일하게 영원의 의미에서 모든 시간적 상실은 순간임을 생각하십시오. 이것을 이해하는 데 당신에게 오랜 시간이 걸린다면, 그것은 당신 안에 있는 영원한 것이 충분한 힘을 갖고 있지 못하기 때문입니다. 영원한 것이 당신을 도울 수 있도록 당신에게 가깝게 하십시오. 오, 영원한 것이 당신에게 가깝기만 하다면, 이 기쁨은 당신을 위한 것입니다.

그때 진실로 세상에는 어떤 상실도 없고 순전한 유익이 있습니다. 모든 '상실'이란 시간적입니다. 그러나 당신이 시간에서 상실한 것을 영원히 얻습니다. 시간적인 것의 상실이란 영원의 유익입니다. 오직 죄만이 인간의 타락입니다.[16] 그러나 죄란 명백히 영원한 것을 시간에서 상실하는 것입

니다. 혹은 시간에서 상실된 것과 다르게 시간적인 것을 상
실하는 것입니다. 그것은 멸망입니다.

참고자료

01 이 부분은 덴마크 속담과 관련이 있다. 덴마크어 사전에는 "손 안에 있는 한 마리의 새는 숲속의 열 마리의 새보다 낫다."라고 나온다.

02 다음 자료를 참고하라. Montaigne, Essays, II, 5; *Michael Montaigne's Gedanken und Meinungen über allerley Gegenstände*, I-VII, tr. and ed. J.J. Bode (Berlin: 1793-99; ASKB 681-87), III, p. 84; *The Essays of Montaigne*, tr. John Florio (New York: Modern Library, 1933), p. 323: "Whoever expects punishment, suffereth the same, and whosoever deserveth it, he doth expect it"; JP III 3634 (Pap. VIII1 A 278): 이것은 몽테뉴가 잘 이야기하고 있다. "형벌을 예상하는 것이 고통당하는 것이다. 형벌을 받을 만하다는 것은 예상하는 것이다."

03 이 부분은 마가복음 8장 36절을 참고하라. "사람이 만일 온 천하를 얻고도 자기 목숨을 잃으면 무엇이 유익하리요."

04 다음을 참고하라.

> "슬픔에 빠진 마음은 죄를 짓지 말라."

나는 인간적으로 말해, 이 제목으로 가장 아름답고 고상한 형태의 절망을 다루는 몇 개의 강화를 쓰고 싶다. 불행한 사랑, 사랑했던 사람의 죽음으로 인한 슬픔, 세상에서 출세하지 못한 슬픔, "시인"이 사랑하지만 기독교만 감히 이것을 죄라 부르는 형태다. 반면 인간의 태도는 그런 사람들의 삶이 평범한 가방산문꾸러미prosy-pack를 만드는 수백만의 사람들보다 더 가치가 있다는 데에 있다. -JP VI 6277 (Pap. IX A 421) n.d., 1848

"슬픔에 빠진 마음은 죄를 짓지 말라."
7개의 강화

인간적으로 말해, 여기에서 절망의 가장 섬세하고, 사랑스러운 형태(궁극적으로 시적인 것)가 다루어져야 한다. 예를 들어, 불행한 사랑, 죽은 자에 대한 슬픔, 인생에서 운명을 이루지 못한 슬픔과 같은 것들이다.

아마 서너 개의 주제가 저널의 어딘가에 있는 "고난의 싸움 중에 있는 마음의 상태"[Pap. VIII1 A 500]에 남아 있고, 이것들이 연결될 수도 있다. 각 강화는 무엇보다 다루어야 할 특별한 슬픔을 발전시키거나 서술할 것이다. 그때, 훈계는 이렇다: 슬픔에 빠진 마음이 죄를 짓지 말라. 이것을 고려해보라: 지금 이 주제

예를 들어, 죽은 자에 대하여-서술-슬픔에 빠진 마음은 죄를 짓지 말라-이것을 고려해보라: "마지막과 조금 있다가"(요16:16-20을 참고하라)가 동일한 기쁨(그러나 이것은 "높은 곳에서 모든 사람을 네게로 이끌겠노라"(그리스도교의 훈련에 나오는 내용임)라는 다른 작품에서 서정적으로 사용되었다.) 혹은 이것을 고려해보라: 이 기쁨, 최고의 것을 믿지 않는 것은 기쁨을 위한 것이다.

그러나 (기쁜 생각의 도움으로 뒤로 인도하는 대신) 각 강화에서 이 슬픔이 어떻게 죄인지 명확하게 보여 준 후, 언제나 슬픔과 죄의 무한한 차이에 집중하는 것이 더 좋다. 혹은 아슬아슬한 차이로 그렇게 될 수 있다.

또한 다음을 보라. JP VI 6279, 6280 (Pap. IX A 499, 500)

05 요한복음 6장 60절 "제자 중 여럿이 듣고 말하되 이 말씀은 어렵도다 누가 들을 수 있느냐 한 대,"

06 갈라디아서 5:20-21, "우상 숭배와 주술과 원수 맺는 것과 분쟁과 시기와 분냄과 당 짓는 것과 분열함과 이단과 투기와 술 취함과 방탕함과 또 그와 같은 것들이라. 전에 너희에게 경계한 것 같이 경계하노니 이런 일을 하는 자들은 하나님의 나라를 유업으로 받지

못할 것이요."

07 이 부분은 Balles 책 1장 1절, 4절을 보면 다음과 같다.

"세계를 창조한 영원의 최고의 본질은 존재해야 한다. 혹은 거기에 그 기원이 있어야 한다. 이런 존재를 신이라고 부른다. 이 신이 최고의 지혜와 힘과 선을 소유하고 있어야 한다. 왜냐하면 세계에 존재하는 수많은 다양한 것들 사이에는 그런 질서가 있고 이 모든 것들이 그 가운데 이용 가능할 수 있기 때문이다."

08 사도행전 8:18-20, "시몬이 사도들의 안수로 성령 받는 것을 보고 돈을 드려 이르되, 이 권능을 내게도 주어 누구든지 내가 안수하는 사람은 성령을 받게 하여 주소서 하니, 베드로가 이르되, 네가 하나님의 선물을 돈 주고 살 줄로 생각하였으니 네 은과 네가 함께 망할지어다."

09 이 부분은 철학자 칸트의 말이다. 그의 말에 의하면, 그 자체로 선한 목적이 있다면, 도덕은 정언 명령과 관련이 있다. 이 명령은 절대적으로 그 목적에 부합하도록 행함을 부과한다. 반면, 가언 명령은 어떤 목적을 이루기 위한 수단으로 행함을 부과한다. 정언명령은 무조건적인 최고의 도덕법을 표현한다. 이것은 어떤 의무가 부과된다. 그러나 가언 명령은 도덕 가치가 없다.

10 원고의 여백을 참고하면 다음과 같다.

오직 죄만이 인간의 타락이요, 멸망이다. 그러나 우리는 이 강화에서 그것에 대하여 말하는 것이 아니다. 이 강화는 고통을 경감하기 위해 고난당하는 자에게 말한다. 가능하다면, 고통을 기쁨으로 바꾼다. -Pap. VIII2 B 100:3 n.d., 1847-48

11 마태복음 22:30, 마가복음 12:25을 참고하라. "사람이 죽은 자 가운데에서 살아날 때에는 장가도 아니 가고 시집도 아니 가고 하늘에 있는 천사들과 같으니라."

12 원고에서;

그것이 재물이라는 것을 가정해보라. 다시 말해, 당신은 시간에서 재물을 상실했다. 그러나 영원히 재물을 얻었다. 다시 말해, 당신은 상실한 것을 확실히 돌려받지 않았다. 오, 아니다. 그것은 전과 같은 초라한 것이 아니다. 그것은 훨씬 더 풍부해졌다. 곧, 당신은 시간에서 상실했던 것을 영원히 얻는다. -Pap. VIII2 B 100:4 n.d., 1847-48

13 원고에서 생략된 부분을 보면 다음과 같다.

내가 경건한 관점과 세속적인 관점의 차이를 어떻게 서술해야 할까? 일종의 우표를 붙였다고 일컬을 수 있는 종이가 있다. 자, 손으로 쓴 글을 읽을 수 있는 아이를 상상해 보라. 정확히 어른이 읽는 것처럼 이 종이에 쓰인 글을 읽는 아이는 거기에 쓰인 것을 이해한다. 그러나 우표를 붙인 종이이든 아니든 아이에게 이 차이는 존재하지 않는다.

삶에 대한 세속적 관점도 마치 이와 같다. 그는 싸우고 승리하고 패배한다. 또한 승리하고 다시 패배한다. 그러나 이 모든 것 기저에 보여져야 하는 무언가 있다는 것이 완전히 그에게서 잊혀진다. 수십만 명의 앞에서 권력을 지닌 황제가 다른 땅을 침입했다면, 커다란 패배로 고통당했다면, 그때 이 갈등은 무엇에 대한 것인가? 이 갈등이 무엇에 대한 것인지는 세속적인 의미에서 당신은 신문에서 읽을 수 있다. 신문은 이 갈등에 대하여 쓰는 일을 멈출 수 없을 것이다.

이런 모든 저널리스트의 관점과 비교할 때, 이 갈등이 영원의 의미에서 무엇에 대하여 말하는 것인지는 빈약하게 보여줄 뿐이다. 이 갈등이란 이 사람의 영혼에 대한 것이다. 그가 이 패배를 어떻게 이해하는지에 대한 것이다. 정치적 의미가 아닌, 경건한 의미에서 그렇다. -Pap. VIII2 B 100:5 n.d., 1847-48

14 예를 들어 다음을 보라. Sickness unto Death, p. 26-27, 49-67, KW XIX (SV XI 140-41, 161-77).

15 잠언 7:23, "필경은 화살이 그 간을 뚫게 되리라. 새가 빨리 그물로 들어가되 그의 생명을 잃어버릴 줄을 알지 못함과 같으니라."

16 잠언 14:34, "공의는 나라를 영화롭게 하고 죄는 백성을 욕되게 하느니라."

야고보서 4:1-3, "너희 중에 싸움이 어디로부터 다툼이 어디로부터 나느냐? 너희 지체 중에서 싸우는 정욕으로부터 나는 것이 아니냐? 너희는 욕심을 내어도 얻지 못하여 살인하며 시기하여도 능히 취하지 못하므로 다투고 싸우는도다. 너희가 얻지 못함은 구하지 아니하기

때문이요, 구하여도 받지 못함은 정욕으로 쓰려고 잘못 구하기
때문이라.”

'모든 것을 얻을 때',
나는 아무것도 잃지 않는 기쁨

Det Glædelige i: at naar jeg 《vinder Alt》, saa taber jeg jo slet Intet

'모든 것을 얻는 것', 누구도 그 이상을 요구할 수 없습니다. 모든 것을 얻는다면, 아무것도 잃지 않는다는 것은 대낮보다 더 명확합니다. 이것이 기쁜 일이라는 것을 깨닫기는 아주 쉽습니다. 어떤 아이도 **즉각적으로** 이를 이해할 수 있습니다. 아무리 자신의 욕망에 사로잡혀 있는 젊은이라 해도, 가장 혼란스럽고 조급한 젊은이라 해도 **즉시** 이를 이해할 수 있습니다. 그가 이것을 오해하지 않는다면, 그리하여 전체 강화를 오해하지 않는다면 말입니다.

이 강화는 실제로 젊은이를 위한 것이 아닙니다. 적어도 즉각적으로 사용되지 말아야 합니다. 그의 삶이 먼저 그에게 이 본문을 준 다음에야, 그는 이 강화를 위한 사용처를 찾을 수 있을 것이고 이 주제를 더 잘 이해할 수 있을 것입니다.

그러나 젊은이로서의 욕망이 사납게 불타오르는 자와

체념하여 가장 많은 것을 포기한 자, 이 두 사람이 "모든 것을 얻는다"는 같은 말을 하는 것은 놀랍지 않습니까? 반면에 이들 사이에는 천양지차가 있습니다. 그들은 똑같은 것을 말하는 것으로부터 가능한 한 멀리 있습니다!

하나님의 말씀은 믿는 자에게 그가 "모든 것을 얻을 것"이라고 약속합니다.[01] 어떤 젊은이도, 그의 온갖 소원이 만족됨으로 제멋대로인 자도 모든 것을 얻는 것 그 이상을 갈망할 수 없습니다. 얼마나 놀라운가요!

예를 들어, 사람이 다시 어린 아이처럼 될 때 삶에 **반전**reversion이 있듯이, 생각의 언어에서도 **반전**이 있습니다. 그에 따라 가장 상이한 표현이 동일한 것을 말하는 것으로 나타납니다. 상이함dissimilarity이 최대로 클 때 그렇습니다.

어린 아이와 아주 다른 사람은 없습니다. 조금 나이 먹은 자도, 더 나이 먹은 자도, 노인도, 아주 늙은 자도 아이와 아주 다르지 않습니다.(이 모든 것은 직접적인 비교입니다. 여기에서 '비슷함likeness'은 상이함을 위한 출발점입니다.)

다시 아이가 된 노인만큼 아이와 전혀 다른 자는 없습니다. 왜냐하면 이것은 반전의 비교이기 때문입니다. 여기에서 모든 것은 뒤집힙니다. 여기에서 상이함은 비슷함을 위한 출발점입니다.

모든 것을 얻기를 바라는 자, 욕망하는 자, 갈망하는 자, 탐욕하는 자와 아주 다른 자는 없습니다. 약간을 포기한 자도, 대단한 것을 포기한 자도, 많은 것을 포기한 자도 아주 다르지는 않습니다. (이 모든 것은 직접적 비교입니다. 그리하여 약간 포기했든, 대단한 것을 포기했든, 많은 것을 포기했든, 그도 많은 것을, 대단한 것을, 약간의 것을 탐욕하는 탐욕가가 될 수 있습니다.)

아닙니다. <u>모든 것을 포기한 자는 모든 것을 얻기 원하는 탐욕가와 가장 다릅니다.</u> 그러나 모든 것을 포기한 자는 포기한 것에 대해 말하지 않습니다. 이상하게도 그는 모든 것을 얻는 것에 대해 말합니다. 따라서 동일한 것을 말하는 그 사람이 모든 것을 얻기 원하는 탐욕가와 가장 다릅니다.

그러나 모든 것을 얻는 기쁨은 그만큼 확실하게 남습니다. 내가 모든 것을 얻을 때, 나는 아무것도 잃은 것이 없습니다. 이것은 그만큼 확실합니다. 그때 우리가 다음을 말해봅시다.

'모든 것을 얻을 때', 나는 아무것도 잃지 않는 기쁨

믿으십시오! 모든 것을 얻을 것입니다!

내가 얻는 이 '모든 것'이 진실로 모든 것일 때, 그때 다른 의미에서 모든 것이라고 일컫는 것, **내가 상실한 이 모든 것은 거짓된 모든 것임에 틀림이 없습니다.** 그러나 내가 거짓된 모든 것을 잃을 때, 진실로 나는 아무것도 잃지 않습니다.

따라서 내가 거짓된 모든 것을 잃을 때, 아무것도 잃지 않습니다. 내가 진실한 모든 것을 얻을 때, 진실로 거짓된 모든 것을 잃습니다. 그리하여, 나는 아무것도 잃지 않습니다.[02]

당신은 아마도 잠깐이라도 이것은 두 가지 길에서 이 기쁜 생각과 싸워 승리하는 것처럼 보인다는 것을 압니다. 잃어버린 이 모든 것, 거짓된 이 모든 것은 아무것도 아니라는 것을 자신에게 명백히 하기 위해 노력할 수 있습니다. 혹은 다른 길을 택할 수도 있습니다. 곧, 당신이 얻는 이 모든 것은 진실로 모든 것이라는 긍정적 정신의 완전한 확신을 구합니다.

둘 중에 후자의 방법이 더 낫습니다. 따라서 이것은 유일한 방법입니다. 거짓된 모든 것이 아무것도 아니라는 것을 이해할 만한 힘을 얻기 위해, 도움을 얻기 위해 진실한 모든 것을 얻어야 합니다. 그렇지 않다면, 거짓된 모든 것이 당신에게서 모든 힘을 빼앗아 갈 것입니다. 아무런 도움도 없이, 거짓된 모든 것이 아무것도 아니라는 것을 아는 것은 불가능합니다.

소위 그 비밀이 아무것도 아닌 지혜가 있습니다. 그럼에도 불구하고 스스로 모든 것이 아무것도 아니라는 것을 볼 수 있다고 생각하는 지혜입니다. 그러나 이것은 불가능합니다. 이것은 불이 켜지지 않은 양초로 어두움 가운데 보는 것만큼 불가능합니다. 세상에서는 진리에 이르는 두 가지 길에 대하여 많은 말을 합니다. 곧, **믿음의 길**과 **의심의 길**입니다. 그러나 이것은 하늘에 이르는 두 가지의 길이 있다고 말하는 것만큼 이상합니다. 둘 중 하나는 필경 지옥으로 인도합니다.

따라서 **이 길은** 당신이 모든 것을 얻고 당신이 얻은 이 모든 것은 진실로 모든 것이라는 긍정적 정신의 완전한 확신을 구하는 것입니다. 이런 길에서 구한 것은 무엇인가요? 그것은 믿음을 갖는 것입니다. 당신이 모든 것을 얻는다는 것을 믿으십시오. 그때 당신은 아무것도 잃지 않습니다.

모든 것을 얻기 위해 소원하십시오, 모든 것을 얻기 위해 갈망하십시오, 모든 것을 얻기 위해 기대하십시오. 그러면 당신은 모든 것을 잃을 것입니다. 그러나 당신이 모든 것을 얻은 것을 믿으십시오. 믿음이 자기 자신과 관계하는 이모든 것은 진실한 모든 것입니다. 따라서 당신은 아무것도 잃지 않습니다.

그러나 믿으십시오! 아, 본질적으로 기독교적인 이 문제는 아주 이상합니다. 어떤 의미에서 이것은 형용할 수 없을 정도로 이해하기 쉽습니다. 그러나 반면에, **이것은 믿어져야만 하는 것일 때만 실제로 어렵습니다.** 거꾸로 뒤집힌 심오한 세속적 지혜는 어떻게 해서든 그 관계를 뒤집었다는 것을 우리는 잘 압니다. 다시 말해, 그것은 믿기에 아주 쉽습니다. 하지만 이해하기에는 아주 어렵습니다.

다만 이것을 시험해보십시오. 우리가 여기에서 말하는 것을 가져가보십시오. 무엇이 이해하기에 더 쉬운가요? 내가 모든 것을 얻을 때, 나는 아무것도 잃지 않는다는 것, 이 것보다 이해하기 더 쉬운 것이 있습니까? **그것이 믿어져야만 할 때, 오직 이때만 어려움은 실제로 나타납니다.**

무엇이 이해하기에 더 쉬운가요? 그가 죽은 자였을 때, 자기를 부인하여 죽었을 때, 전체 세계가 기독교가 말한 대로 사람에게 자신을 분명히 나타내야 하는 것, 이런 식으로 드러내야 하는 것, 이것보다 이해하기 더 쉬운 것이 있습니까? 그러나 **죽은 자가 되는 것은 이것입니다. 곧, 그가 죽은 자일 때입니다!**

모든 것을 얻는다는 것을 믿으십시오. 그러면 당신은 세상에 대해 죽게 될 것입니다.[03] 당신이 죽은 자일 때, 살아있는 자가 이해할 때 모든 것이 되어 있었던 것을 잃어버림으로 아무것도 잃지 않습니다.

금과 재물을 잃으십시오, 권력과 힘을 잃으십시오, 명예와 명성을 잃으십시오, 건강과 체력을 잃으십시오, 날카로운 정신적 능력을 잃으십시오, 최고의 친구를 잃으십시오, 애인의 사랑을 잃으십시오, 왕이 "명예를 제외하고 모든 것을 잃어버렸다"고 말할 때,[04] 모든 것을 잃어버렸다고 말한 왕보다 더 많은 것을 잃으십시오. 그리고 당신이 모든 것을 얻는다는 것을 믿으십시오. 그러면 그때 아무것도 잃지 않습니다!

어떤 것도 이보다 더 확실하지 않습니다. 곧, 당신이 모든 것을 얻는다면, 아무리 작은 것도 잃어버린다는 것은 불가능합니다. 당신이 모든 것을 얻는다는 것을 믿기만 한다면! 그렇습니다, 나는 이것을 인정합니다. 이 강화가 같은 것을 말하는 과업만 갖는다는 것, 이것은 불평등한 분담입니다. (다시 말해, 모든 것을 얻는 자가 아무것도 잃지 않는다고 말할 때, 그것은 같은 것을 말하고 있는 것입니다. 왜냐하면 모든 것을 얻는 것과 아무것도 잃지 않는 것은 하나이면서 같은 것이기 때문입니다.) 반면, 당신은 저 믿음을 꽉 붙들어야 하는 과업이 있습니다. 곧, 당신은 모든 것을 얻는다는 것을 믿음으로 단단히 붙잡아야 합니다.

오, 그러나 그때 이 강화는 당신의 어떤 기쁨도 갖고 있지 않습니다! 이 가엾은 강화여, 어떤 의미에서 이 강화는 이 지점으로부터 움직이지 못합니다. 단지 하나이면서 같은 것을 말할 뿐입니다. 다른 의미에서 이 강화는 하늘과 땅 사이를 떠돕니다. 모든 것을 얻는다는 것을 믿는 자가 있다는 것을 이 강화가 확고하게 고수하지 못한다면, 결국 이 강화는 공허하기 때문입니다.

따라서 이 강화를 필요로 하는 자는 믿는 자가 아닙니다. 오히려 이 강화에 대해 긍휼히 여기는 마음을 가진 자가 믿는 자입니다. 그가 모든 것을 얻는다는 것을 믿을 때마다, 이 강화는 진실해집니다. 그때 공허하고 아무런 의미도 없고, 너무나 이해하기 쉬운 이 강화는 가득차고, 풍부해집니다. 다만 말의 좋은 의미에서 아주 어려워지지만 진실해집니다.

당신이 모든 것을 얻는다는 것을 믿으십시오. 그때, 당신은 세상에 대하여 죽은 자가 되었습니다. 유령은 새벽이 오기 전 도망치는 것처럼, 이름을 부를 때 허깨비는 쓰러지는 것처럼, 하나님의 말씀을 말할 때 마법이 중단되는 것처럼, **세상과 세상이 모든 것이라고 불렀던 것이 당신에게 아무것도 아닌 것이 되어 버립니다.**

그때 세상을, 세상의 모든 쾌락을, 그 우정을 잃어버리십시오. 이것이 모든 은신처에서 당신을 몰아내는 적이 되게 하십시오. 당신을 미워하는 원수가 되게 하십시오. 그때 당신은 모든 것을 얻는다는 것을 믿으십시오. 아무것도 잃지 않는다는 것을 믿으십시오!

세상은 세상에 대하여 죽은 자를 미워해야 합니다. 동시대인들이 세상에 대하여 죽은 자처럼 사는 것보다 더 분개하는 것은 없습니다. 맹인이 걸어다닐 때, 그가 어디에 부딪힐지 알 수 없을 때, 그 방에 있는 것은 방해가 됩니다. 그러나 믿는 자는 이와 비슷하게 맹인입니다. 그의 눈은 그가 얻는 **모든 것의 밝기**brightness로 인해 눈이 먼 것입니다.

그래서 그는 세상이 줄 수 있는 세상의 모든 것 속에 있는 삶과 기쁨에 대하여 아무것도 볼 수 없습니다. 그는 이 모든 것에 대한 어떤 것도 볼 수 없습니다. 왜냐하면 그는 그것이 아무것도 아니라는 것을 보았기 때문입니다.

오, 믿음의 측면에서 이 얼마나 **광기 같은 무시**인가요! 믿음은 진실한 모든 것을 배려하여 이 모든 관심에 대해 눈이 멀게 하는군요!

사교적인 모임에 다른 사람들이 말하는 것을 들을 수가 없고, 대화를 지속할 수 없는 청각 장애가 있는 자가 참석하는 것은 방해가 됩니다. 그가 다른 사람이 말하는 것을 무의미하게 만든다고 말하는 한 그렇습니다. 그러나 <u>믿는 자는 이와 비슷하게 청각장애인입니다.</u> 그의 귀에 그가 얻는 이 모든 것에 대한 영광이 울려퍼집니다. 하지만 그는 세상이 줄 수 있는 세상의 모든 것 속에 있는 삶과 기쁨에 대하여 아무것도 볼 수 없습니다.

오, 믿음의 측면에서 이 얼마나 **광기 같은 무시**인가요! 믿음은 진실한 모든 것을 배려하여 이 모든 관심에 대해 귀가 멀게 하는군요! 그러나 당신이 모든 것을 얻고 아무것도 잃지 않는다는 것을 믿으십시오!

그렇습니다. 믿으십시오. 당신은 모든 것을 얻는다는 것을! 저 전문가를 보십시오. 그는 모든 계산을 끝냈습니다. 수많은 세월을 연구하고 이 모든 것을 체계화하는 데에 시간을 보냈습니다. 자, 모든 것은 제대로 되었습니다. 그는 세계 밖에 설 수 있는 지점을 기다리기만 하면 됩니다. 그는 세계 전체를 들어올릴 수도 있습니다. 과연 계산의 도움으로일까요? 맞습니다, 혹은 그 지점의 도움으로입니다.[05] 그가 그 지점을 갖지 못하는 한, 수많은 세월을 고생하면서 얻는 그의 모든 계산은 아무런 힘이 없는 무^{nothing}가 되고 맙니다.[06]

모든 것을 얻을 때 절대 아무것도 잃지 않는 것에 대한 이 강화. 설교자^{speaker}가 그의 평생에 이 생각만을 깊이 묵상했다면, 이 하나의 생각만을 숙고했다면, 그래서 그가 모든 웅변가들 중에서 최고의 웅변가가 되었다면, 그래서 그가 웅변의 전체 체계를 완성했다면, 이 강화는 힘이 없는 무가 되고 말았을 것입니다. 모든 것을 얻는다고 믿는 자가 아무도 없었다면 말입니다.

그가 거기에 있었다면, 모든 것을 얻는다고 믿는 자가 바로 이 믿는 자였다면, 그는 아무것도 잃지 않습니다. 결코 아무것도. 그가 이 모든 웅변으로부터 아무것도 받지 못한다 해도, 그 어떤 것도 잃지 않습니다![07]

오, 이 얼마나 큰 믿음의 기쁨인가요! 그러나 그때 이 강화가 아무것도 할 수 없요? 왜냐하면 당신에게 믿음을 줄 수 없기 때문입니다. 믿음과 관련하여, 그것은 더 높은 것이 아니라(더 높은 지혜가 가정한 대로라면, 이것은 광기입니다) 더 낮기 때문입니다.

<u>믿을 때, 모든 것을 얻습니다</u>. 모든 것을 얻는다는 것, 그것은 믿는 것입니다. 모든 것을 얻는다고 믿는 것입니다. 모든 것을 얻는다고 믿을 때, 물론 아무것도 잃지 않습니다. 삶에서 다양한 상실과 관련하여, 피해에 대해 보상하는 보험회사가 있습니다. 그러나 이 모든 피해로 인해 아무것도 잃지 않도록 모든 상실에 대해 안전을 보장받는 것, 그것은 죽은 자가 됨으로 죽음에 대한 안전을 보장받는 것과 같습니다!

원하는 것이 많던 젊은이가 모든 것을 얻었다면, 그가 그것을 잃을 수 없는 어떤 안전이 있습니까? 그러나 모든 것을 잃음으로 그것을 얻는 것, 모든 것을 얻는 것에 대한 얼마나 큰 안전인가요! 하지만 결코 아무것도 잃지 않습니다!

진실한 모든 것을 잃은 자만, 오직 그 사람만, 모든 것을 잃습니다. 그러나 이것이 멸망입니다. 오직 죄만이 인간의 타락입니다.[08]

참고자료

01 빌립보서 3:8을 암시하고 있다. "또한 모든 것을 해로 여김은 내 주 그리스도 예수를 아는 지식이 가장 고상하기 때문이라. 내가 그를 위하여 모든 것을 잃어버리고 배설물로 여김은 그리스도를 얻고"

02 최종본에서 삭제된 것은 다음과 같다.

맞다. 당신이 잃은 이 모든 것은 거짓된 모든 것이다.[*] 이런 종류의 모든 상실이란 아무것도 잃어버린 것이 아닐 뿐만 아니라, 그 어떤 것도 잃어버린 것이 아닐 뿐만 아니라, 그 상실 자체가 유익이다. 따라서 당신은 그것을 잃음으로써 아무것도 잃지 않을 뿐만 아니라, 그것을 잃음으로 유익을 얻는다. 이런 종류의 어떤 상실도 본질적으로 유익이다. 오류, 편견의 상실은 어떤 것도, 어떤 대단한 것도 잃은 것이 아닐 뿐만 아니라 그것이 유익인 것처럼 말이다.

[*] 여백에서: 따라서 당신은 그것을 잃음으로 무언가를 잃은 것이 아닐 뿐만 아니라, 아무것도 잃은 것이 아닐 뿐만 아니라, 상실 그 자체가 유익이다. -Pap. VIII2 B 123:16 n.d., 1847-48

03 『죽음에 이르는 병』의 서문에는 다음과 같이 결론을 짓고 있다.

"책 제목이 말해주고 있듯이, 절망은 치료가 아니라 병으로 해석된다. 절망은 그런 정도로 변증법적이다. 따라서 기독교적인 용어로, 죽음이란 최대의 영적 비참함의 상태를 위한 표현이다. 하지만 그 치료는 단순히 죽는 것이고, 세상에 대하여 죽는 것이다."

또한, 『자기 시험을 위하여』에서는 다음과 같이 언급되어 있다.

"그러므로 죽음이 먼저이다. 당신은 모든 이 땅의 모든 소망에 대하여, 모든 인간적 확신에 대하여 죽어야 한다. 당신은 이기심에 대하여, 이 세상에 대하여 죽어야 한다. 세상이 당신을 지배하는 것은 오직 당신의 이기심을 통해서만 가능하니까. 당신이 이기심에 대하여 죽는다면, 당신은 또한 세상에 대하여 죽는다."

이것은 믿는 자가 세상을 이기는 방식이다. 이기심에 대해 죽게 되면, 세상에 대하여 죽게 되고 세상은 믿는 자를 지배할 수 없다. 믿는 자는 세상을 얻기 위해 싸우지 않는다. 세상을 이기기 위해 싸운다. "대저 하나님께로서 난 자마다 세상을 이기느니라. 세상을 이긴 이김은 이것이니 우리의 믿음이니라."(요일5:4)

04 1525년에 일어난 파비아 전투를 말하고 있다. 프랑스의 프랑소아 1세는 병력 약 2만을 이끌고 이탈리아의 파비아를 침공하였으나, 패배하여 포로가 되고 만다.

05 지렛대의 원리를 말한 아르키메데스를 언급하는 부분이다.

06 『고난의 복음』에서도 키르케고르는 아르키메데스를 인용하면서 다음과 같이 말한다.

저 기발한 이방인이 말했다.
"나에게 세계 밖에 설 수 있는 장소를 제공해 주시오. 그러면 내가 세계를 움직일 거요."

고귀한 사람은 말했다.
"나에게 위대한 생각을 주시오."

아, 전자는 이루어질 수 없다. 그리고 후자는 충분하지 않다. 도움을 줄 수 있는 오직 한 가지가 있다. 그러나 그것은 다른 사람에 의해 주어질 수 없다. 즉, 믿으라. 그러면 산을 옮길 것이다!

다시 말해, 믿지 않는 한 세계 밖에 설 수 없다. 믿음이란 세계 밖에서는 정신의 운동이다.

07 원고에서 생략된 부분은 다음과 같다.

. . . 그렇습니다. 이 강화가 생각의 속도로 이 생각을 쉽게 퍼지게 하는 과업만을 갖고 있다면 이것은 불평등한 부분입니다. 반면 당신은 믿음의 자리에서 밤낮으로 경계해야 하는 과업이 있습니다. 모든 것을 얻는다는 것을 믿으면서.*

그러나 이 강화로 방해받지 마십시오. 이 강화를 신경쓰지 마십시오. 단지 모든 것을 얻는다는 것을 믿으십시오. 모든 상실은 유익입니다. 당신은 모든 것을 얻을 뿐만 아니라 아무것도 잃지 않습니다. 그러나 상실 자체가 유익입니다.**

* 그것은 강화가 아닙니다. 설교자가 아무리 최상의 존경을 받을 만한 가치가 있다 해도, 이것은 이 강화가 아닙니다. 이것은 무언가를 보증할 수 있는 그런 강화가 아닙니다. 당신이 이런 식으로 바라본다면, 모든 것은 혼란스럽습니다. 모든 것을 얻는다는 것을 믿음으로 이 강화가 본질적으로 진실하다는 것을 보증해야만 하는 것은 바로 당신입니다. 이것은 어떤 공기 중에 있는 생각의 이동이 아닙니다.

**당신이 이 강화의 기발한 결론에 대한 모든 이해를 상실했다면, 이런 애매모호한 유익에 대한 모든 흥미를 상실했다면, 그럼에도 불구하고 모든 것을 얻는다고 믿었다면, 이 상실 역시 유익입니다. -Pap. VIII2 B 100:6 n.d., 1847-48

08 잠언 14:34, "공의는 나라를 영화롭게 하고 죄는 백성을 욕되게 하느니라."

역경이 형통인 기쁨[01]

Det Glædelige i: at Modgang er Medgang

뒤집기

역경Modgang**이 형통**Medgang**입니다.**[02] 그러나 누군가 말하는 것을 듣습니다. 이것은 농담일 뿐입니다. 이해하기도 쉽습니다. 왜냐하면 뒤집은inverted, omvendt 모든 것을 보기만 한다면, 이것은 맞는 말이니까요. 직접적인 의미에서 역경은 역경입니다. 뒤집은 역경이 형통입니다. 이런 진술이 농담일 뿐입니다. 그냥 추측하는 수수께끼 같습니다. 혹은 만물박사jack-of-all-trades가 "어떤 것도 이보다 더 쉬울 수는 없어. 다리 대신에 머리로 걷는 것이 습관이 된다면 이야"라고 말하는 것과 같습니다.

그렇습니다, 좋습니다. 그러나 그렇게 하는 것이 그렇게도 쉬운가요? 삶의 현실에서는 시도해본 적도 없으면서, 거기에 어떤 무게감이 있는지는 알지도 못하면서, 단지 그것이 생각으로 그렇게 쉬워보이니까요.

역경이 흔들어야 한다고 생각을 자극할 때, 위 아래로, 아래 위로 흔드는 것, 오른쪽으로 왼쪽으로 뒤집는 것, 이것이 그렇게도 쉬운가요? 그때 생각이 고난당하는 자를 가까스로 뒤집을 때, 역경은 끊임없이 반대 입장을 고집할 때, 그것은 그렇게도 쉬워 보이는가요?

다시 말해, 그런 생각, 아무런 향방도 없고[03] 소유자도 없는 생각, 그 자체로 일반적인 생각, 어디에도 속하지도 않고 누구에게도 속하지도 않는 생각, 이름도 모른 채 혼자 싸우고 있는 생각, '여기/저기', '오른쪽/왼쪽', '직진/후진'과 같은 그 어떤 것도 정의할 수 없는 생각, 이런 부랑자 같은 생각이 꼼수를 부리는 것은 쉽습니다.

그러나 그것이 이름을 갖고 있는 생각일 때, '나의 생각'일 때, 혹은 '너의 생각'일 때, 게다가 당신이 고난당하는 자일 때, 그것은 결과적으로 진지한 문제가 되어버립니다. 다양하게 당신을 방해했던 온갖 일에도 불구하고 당신을 뒤집기 위해 진지하게 당신에 대한 이 힘을 획득하는 생각, 쉽게 변하는 이 생각은 진지한 문제입니다. 그때, 이것은 그렇게도 쉬운가요?

게다가, 다리로 걷는 대신에 머리로 걸을 수 있는 것이 농담이기 때문에, 뒤집힌 모든 것을 보는 것도 농담인가요?
천만의 말씀! 오히려 정반대입니다. 이것은 명확히 진지함,
영원의 진지함입니다. 이 생각이 그 자체로 일반적인 생각
인 한, 농담인 그것은 의미 없는 농담입니다.

당신을 뒤집어야 하는 것이 당신의 생각이 됨으로 인해,
그것은 진지한 문제가 됩니다. 그때 바로 이것이 영원의 진
지함입니다. 영원은 확실히 진지함의 원천이요, 요새입니
다. 그 영원이 말합니다.

"이것은 과업이다. 왜냐하면 뒤집힌 모든 것을 보는
것, 이것은 나의 영원의 과업이요, 인생의 관점이기 때
문이다. 당신은 뒤집힌 모든 것을 보는 데 익숙해져야
한다.
당신, 고난당하는 자여, 진지하게 위로를 받기 원한다
면, 기쁨이 승리할 수 있도록 위로받고 싶다면, 그때 당
신도 뒤집힌 것을 볼 줄 알아야 한다."

이것이 **영원의 진지함**입니다. 이것이 고난당하는 자를
향한 영원의 위로요, 영원이 규정하고 있는 법^{law}입니다. 이
것은 영원이 모든 약속을 지키기 위해 만들어놓은 조건입
니다. 영원은 하나의 방법만 알 뿐입니다. 곧, **뒤집힌 상태**

로 모든 것을 보십시오. 그때 우리가 뒤집힌 관계를 봅시다.
이런 식으로 다음을 알아봅시다.

역경이 형통인 기쁨

목표를 뒤집으십시오!

그러나 먼저 우리가 고난당하는 자가 올바르게 적응할 수 있도록 노력하는 것으로 시작해봅시다. 그가 뒤집는 것이 무엇인지 안목을 가질 수 있도록, 기꺼이 이 관점으로 시작하여 이 관점이 자기 자신을 통치할 수 있도록 그리해봅시다. 그때 기쁨은 틀림없이 따라올 것입니다.

무엇이 형통인가요? **형통이란 내가 목표**goal, Maalet**에 도달하는 데 나에게 도움을 주는 것입니다.** 나를 목표지점으로 안내하는 것입니다. 게다가 역경이란 내가 목표에 도달하지 못하도록 나를 막아서는 것입니다.

그때 목표란 무엇인가요? 이미 가정한 것처럼, 우리는 역경과 형통이 무엇인지 정의내림으로 확고하게 하나의 생각을 고정시켰습니다. 그러나 우리가 (목표에 대한) 다른 생각을 정의할 필요가 있으므로, **그 목표가 다르다면, 정반대라면, 형통과 역경 역시 그에 따라 변화되어야 한다는 것은 분명합니다.**

우리는 시작점에 서 있습니다. 그러나 다른 의미에서 우리는 시작점에 서 있지 않습니다. 강화는 고난당하는 자를 언급하고 있습니다. 그러나 고난당하는 자는 지금 그의 삶을 처음으로 시작하는 것이 아닙니다. 반대로, 그는 삶의 한복판에 있습니다. 단지 삶의 한복판에 있는 것이 아니라, 인생 고난의 한복판에 있습니다.

그렇다면, 그는 역경이 무엇인지 너무나 잘 압니다. 그는 충분히 시험당한 자입니다. 아마도. 그러나 그가 역경이 무엇인지 아는 정도는, 목표가 무엇인지 아는 지에 달려있다는 것을 우리는 충분히 압니다. 사람 앞에 놓여 있는 목표가 무엇인지에 대해 진실한 개념이 있는 자만, 오직 그만이 역경이 무엇이고, 형통이 무엇인지 압니다.

목표에 대한 거짓된 개념이 있는 자는 역시 형통과 역경에 대한 거짓된 개념을 갖고 있습니다. 그는 자신을 거짓된 목표로 안내하는 것을 형통이라 부릅니다. 결과적으로 그로 인해 **저 목표(진정한 목표)**에 이르는 길을 막습니다. 그러나 저 목표에 이르는 것을 막는 것, 그것은 진실로 역경입니다.

자, 사람들이 노력하여 쟁취하기 원하는 수많은 다양한 것들이 있습니다. 그러나 본질적으로 두 개의 목표뿐입니다. 다시 말해, 사람이 바라고 도달하기 갈망하는 한 목표와 그가 마땅히 도달해야 하는 다른 목표입니다. <u>한 목표는 시간temporality의 것이요, 다른 한 목표는 영원eternity의 것입니</u>

다. 두 목표는 서로 반대입니다. 그러나 그때 형통과 역경은 그에 따라 뒤집혀야 합니다.

이 강화가 젊은이에게 언급된다면, 이 두 목표에 대한 문제를 그에게 분명하게 하기 위해 노력해야 합니다. 그가 올바른 목표를 선택함으로 그의 삶을 시작할 수 있도록, 올바로 자리를 잡고 시작할 수 있도록 말입니다. 하지만 이 강화는 성공하지 못할 것입니다. 왜냐하면 젊은이의 영혼은 아마도 시간의 목표와 의심스러운 합의 중에 있을 것이고, 그로 인해 형통과 역경에 대한 거짓된 개념을 갖고 있을 것입니다.

지금 고난당하는 자, 따라서 그는 시작점에 있는 것이 아니라 반대로 시작에서 멀리 떨어져 있습니다. 그는 역경이 무엇인지 너무 잘 압니다. 그러나 이미 언급한대로, 문제는 그가 **목표를 진정으로 알고 있느냐는 것**입니다. 그가 자신의 고난에 대하여 더욱 강렬하게 말할수록, 온갖 것들이 얼마나 그를 방해하는지 맹렬하게 말할수록, 그가 목표에 대해 얼마나 거짓된 개념을 갖고 있었는지가 명백해질 뿐입니다. 그가 목표에 대해 거짓된 개념을 갖고 있다면, 형통과 역경에 대해 진실하게 말할 수 없습니다.

따라서 그가 도움을 받고자 한다면, 그가 다시 한 번 사람 앞에 놓여 있는 목표가 무엇인지 심오하게 성찰하도록 요구해야 합니다. 목표가 무엇인지 너무 잘 안다는 착각에 빠져 속는 일이 없도록, 그래서 불평을 시작하는 일이 없도록 그리 해야 합니다. 당신은 확실히 역경으로 고난당하고 있습니다. 당신은 그토록 열망하고 그토록 이르기 원했던 목표에 도달할 수 없었습니다. 그러나 그 목표가 거짓된 목표라면 어떻게 해야 하는 건가요!

그때 무엇이 필요한가요? 고난당하는 자에게는 잘못된 생각을 중단하는 것이 필요합니다. 목표가 무엇인지 마음에 결정하는 것이 필요합니다. 다시 말해, **뒤집는 것이 필요합니다. 죄와 관련하여, 뒤집는 것**_{회개, Omvendelse}**이 필요합니다.** 영원의 위로와 관련하여, 동일한 것이 필요합니다. 그러나 조금 더 온화한 형태로. 다시 말해, 뒤집는 것이 필요합니다.

죄인에게 율법의 엄격함이 끔찍하게 말합니다.

"뒤집으라(회개하라, omvend Dig)!"[04]

고난당하는 자에게 영원은 부드럽게, 공감하면서 말합니다.

"오, 다만 뒤집으십시오."

따라서 그에게 뒤집는 것이 필요합니다. 여기에서 영원은 이미 시간의 역전된 형태로 나타납니다. 다시 말해, **영원은 그가 목표가 무엇인지 모른다고 전제합니다.** 반대로 거짓된 개념을 갖고 있다고 전제합니다.

시간은 모든 사람이 목표가 무엇인지 잘 알고 있다고 전제합니다. 따라서 사람들 사이에 차이란 그 목표에 도달하는 데에 성공했느냐는 것입니다. 한편, 영원은 사람들 사이에 차이란 한 사람은 목표가 무엇인지 알고 있고, 그 목표에 의해 움직인 반면, 다른 사람은 그것을 모르고 또한 모르면서 움직인 것입니다. 다시 말해, 잘못 움직인 것입니다.

당신, 고난당하는 자여, 당신이 누구이든, 고난에 대해 불평할 때, 아마도 일반적으로 다른 사람들을 이해시키는 것이 아주 쉽다는 것을 압니다. 그들이 당신에게 아무런 위로가 되지 않더라도, 당신을 이해합니다. 그러나 영원은 이런 식으로 당신을 이해하지 않습니다. 다만 당신이 도움을 받는 것은 이로 인한 것입니다.

그러니, 뒤집으십시오(돌이키십시오)! 선하신 주여, 이것을 제가 말해보겠습니다.

목표에 도달하려면, 그는 목표가 무엇인지 알아야 하고 올바르게 자리를 잡고 있어야 한다는 것은 분명합니다. 멋진 미래의 전망을 보고 기뻐하려거든, 반대 측면이 아니라, 그것이 보이는 측면에 의지하고 있어야 합니다.

조급해하지 마십시오. "물론 역경이 무엇인지 잘 알지."라고 말하지 마십시오. 또한 당신의 고난을 설명하여 우리를 두렵게 하지 마십시오. 우리 또한 잘못된 길로 들어서 목표를 보지 못할까 두렵습니다. 당신의 고난이 그토록 끔찍하다면서, 왜 그렇게 뚫어지게 쳐다보고 있습니까? 당신이 그것을 뚫어지게 쳐다보는 데 그 공포심이 있다면, 그것은 아직 불가능한 것이 아닙니다.

"내가 고난당한 것처럼 누군가 고난당할 때, 그는 역경이 무엇인지 알지. 내가 고난당한 것처럼 고난당한 자만이 역경에 대해 알아."

이렇게 말하지 마십시오. 아니, 그것을 말하지 말고 좀 들으십시오. 당신에게 상처를 입히지 않도록, 다른 방식으로 말하십시오. 당신이 역경이 무엇인지 안다는 것을 우리가 부정하지 않습니다. 다만 우리가 말하고 있는 것은 **당신이 목표가 무엇인지 여전히 모르고 있다는 데 있습니다.**

그때 당신이 돌이켜 목표(영원의 것)를 쳐다보았을 때, 당신을 위해 그 목표가 그 모습 그대로, 마땅히 있어야 할 모습 그대로 있게 하십시오. 그토록 중요하게 되어 그 길이 어떤 길인지에 대한 질문이 아니라, 그 목표에 도달했는지에 대한 질문만 있게 하십시오.

그러면 그 길이 최악의 길이든, 가장 고통스러운 길이든, 그 길이 무슨 길이든, 당신은 그것을 이해할 만한 용기를 얻습니다. 그 길이 당신을 저 목표로 안내한다면, 그때 그것이 형통입니다. 당신이 거기에 도착하는 것을 형용할 수 없을 만큼 열망하고 있기 때문에 당신이 도달하는 데에 그토록 중요해진 자리가 있다면, 그때 다음과 같이 말할 것입니다.

"나는 뒤로 가거나 앞으로 갈 거야. 나는 말을 타고 가거나, 걸어가거나, 기어가도 돼. 그런 것은 아무런 차이도 없지. 내가 거기에 도착하기만 한다면 말이지."

영원이 무엇보다 먼저 원하는 것은 바로 이것입니다. **영원은 목표가 그토록 당신에게 중요해지기를** 바랍니다. 영원은 그런 식으로 완전히 당신에게 통제권을 얻기 바랍니다. 당신이 환난으로부터, 곤경으로부터, 당신이 **거기에 도착**

한 방법으로부터, 당신의 생각과 마음과 눈을 돌려 자기 자신을 장악하기를 바랍니다. **왜냐하면 당신에게 중요한 것은 오직 거기에 도착하는 것뿐이기 때문입니다.**

따라서 저 목표에 대한 존경심으로 인해 당신을 목표로 안내하는 것이 형통이라 불리든, 혹은 역경이라 불리든 **그 것은 당신에게 아무런 관심사도 아닙니다.** 다시 말해, **당 신을 목표로 안내하는 것은 다 형통입니다.** 얼마나 놀라운 변화인가요! 당신은 감각적인 사람이 이에 무관심할 수 있 다고 믿습니까? 그가 오로지 형통이 안내하는 저 목표에 대 해서만 관심을 갖고 있다면, **역경이 그를 저 목표로 안내하 는 것**, 그것은 그에게 얼마나 큰 위로인가요!

그러나 아마도 당신은 일반적으로 역경과 형통이라 부 르는 것의 차이를 살피는 일을 멈출 수 없습니다. 당신은 올 바른 입장을 취했으나 거기에 평안이 없습니다. 자, 영원이 당신에게 더 많은 도움을 줄 것입니다. 일반적으로 역경이 라 불리는 것이 **저 목표로, 특별히 저 목표로 안내한다면,** 그때 살펴야 할 만한 어떤 이유가 있는지요?

이것이 이렇다면, 우리가 가정해 봅시다. 당신이 그토록 열망했던 자리에, 최선을 다해 뒤로 돌아감으로 그토록 열 망했던 자리에 이를 수 있습니다. 그때 다음과 같이 말하는 것은 올바를까요?

"내가 앞으로 가든 뒤로 돌아가든 그것은 아무런 차이가 없습니다."

확실히 다음과 같이 말하는 것은 더 좋습니다.

"내가 뒤로 돌아갈 기회를 얻었다니, 얼마나 운이 좋은가!"

마찬가지로, 일반적으로 형통이라 불리는 것이 당신을 쉽게 저 목표로 안내할 수 있다면, 물론 그때 소원을 위한 여지가 있을 것입니다. 그러나 지금 어떤 것도 당신을 유혹하지 않습니다. **왜냐하면 역경이 당신을 즉각적으로 저 목표로 안내하기 때문입니다.** 무엇이 당신을 목표로 안내했든, 그것이 형통이라는 당신의 말 옆에 남기를 당신은 원했습니다. 이것이 사실이 아닌가요? 따라서 역경이 형통입니다.[05]

역경만 목표로 안내한다

우리에게 이것을 명확히 해봅시다. 우리가 형통과 역경이라고 부르는 것, 이 모두가 '목표'에 똑같이 안내하는 것이 아닙니다. 아니, **특별하게도 역경이라 부르는 것이 '목표'로 안내합니다.** 그렇다면 목표에 도달하는 것을 막는 것은 무엇인가요? 그것은 확실히 **시간적인 것**the temporal, Timelige입니다. 무엇보다도 그것이 어떻게 그럴 수 있습니까? 일반적으로 형통이라 부르는 것이 시간의 목표에 도달하도록 안내할 때입니다. 다시 말해, 형통의 도움을 받아 시간의 목표에 도달할 때, 사람은 '목표'에 도달하는 데에서 가장 멀어집니다.

사람은 영원의 목표를 향해 분투해야 합니다. 하지만 형통의 도움을 받아, 시간적인 것이 그를 지연시켰습니다. 시간이 그에게 호의를 베푸는 것이 그를 영원한 것으로 안내하지 않습니다. 따라서 목표에 도달할 수 없습니다. 무언가 그 일을 수행하려면, 정확히 **역전된 것**이어야만 합니다. 곧, 시간이 그를 반대하는 것입니다. 물론, 그에 대한 시간의 반대가 역경이라 부르는 것입니다.

"먼저 하나님의 나라를 구하라"고 말할 때,[06] 영원의 목표는 사람이 구해야하는 것으로 그를 위해 수립됩니다. 이것을 행한다면, 정확히 말씀에 근거하여(오, 영원은 절대 업신여김을 받지도 않고,[07] 속지도 않습니다!) 그때, 요점은 무엇보다 사람이 먼저 다른 무언가를 구하지 않는다는 데에 있습니다.

그러나 그가 구할 수 있는 다른 것은 무엇인가요? 그것은 시간적인 것입니다. 그때, 그가 하나님의 나라를 먼저 구해야 한다면, **자발적으로 시간의 모든 목표를 포기해야만 합니다.** 기회가 풍부하게 제공될 때, 모든 일이 유혹의 손짓을 할 때, 형통이라는 부르는 것이 즉시 준비되어 있을 때, 그가 그것을 원하기만 한다면, 그를 가장 유쾌한 시간의 재물의 소유로 안내할 텐데 말입니다. 하지만 이 모든 것을 포기하는 것, 그것은 얼마나 어려운 과업인가요!

그렇지만 고난당하는 자에게는 역경이 따릅니다. 따라서 이 사람은 고난당하는 자라고 불립니다. 역경이라 부르는 것이 고난당하는 자를 시간의 이런 목표들에 도달하는 것을 막습니다. 역경은 그것을 그에게 어렵게 합니다. 아마도 불가능하게 합니다.

오, 당신 고난당하는 자여, 당신이 누구이든 고난으로부터, 당신을 사로잡으려 했던 그 생각으로부터 스스로를 분리시켜 보십시오. 인생에 대해 전적으로 공평하게 생각할 수 있도록 노력해 보십시오. 그때 행운의 모든 유익을 다 소유한 자를, 모든 면에서 혜택 받은 자를 상상해 보십시오. 하지만 이 사람 역시 영원의 목표를 향해 그의 마음을 고정시킬 만큼 진지하다고 상상해 보십시오.

따라서 그는 그에게 주어졌던 이 모든 것을 포기해야 함을 이해합니다. 또한 기꺼이 포기하려 합니다. 그러나 보십시오. 그때 낙담할 만한 걱정이 이 사람의 영혼을 일깨웁니다. 그는 염려하며 자기를 걱정하기 시작합니다. 스스로 속고 있는 것은 아닌지, 이런 포기의 문제가 착각은 아닌지. 왜냐하면 결국 그는 모든 유익을 소유한 자로 남아 있지 않느냐 하는 것입니다.

고난당하는 자는 자신에게 주어졌던 그 모든 것을 감히 던져버릴 수가 없습니다. 유익을 포기하는 것은 오히려 타락이고, 건방진 과장exaggeration이라고 이해하고 있기 때문입니다. 그는 애절하게 자기 자신에 대해 걱정하는 불신을 갖게 되었습니다. 하나님을 속인 것은 아닌지, 그의 모든 포기가 위선은 아닌지 말입니다.

그때, 이 사람에게 소원이 생길 수 있습니다. 이 모든 것을 그에게서 가져가 달라는 소원입니다. 그래서 영원한 것을 붙잡기 위해 시간적인 것을 포기하는 이 문제가 그에게 진지한 것이 될 수 있도록 말입니다. 이런 일이 일어나지 않는다면, 아마도 마음의 병이 그의 속사람 속에 자라날 것입니다. 더 심오한 의미에서, 스스로에 대한 혼란으로 인해 치료할 수 없는 우울증을 더욱 발전시킬 것입니다.

당신은 이에 대해 생각해 본 적이 있나요? 특별히 당신에게 이것은 올바른 관점일 것입니다. 이것은 당신과 소유물 사이에 가능한 많은 거리를 두기 때문입니다. 이 관점에서 당신의 상황을 보십시오! 당신은 역경을 겪었고, 지금도 충분히 겪고 있습니다. 따라서 **당신은 당신에게 부정된 것을 포기하는 과업만 가진 반면, 그는 그에게 주어진 것을 포기하는 과업을 가집니다.**

둘째, 당신은 실제로, 다시 말해, 외재적인 의미에서 소유를 포기했는지에 대한 걱정에서 자유롭습니다. 왜냐하면 **소유하고 있지 않는 한, 이 문제는 아주 쉽기 때문입니다.** 그때 당신은 얼마나 도움을 받았습니까! 당신이 목표에 도달하는 데 방해가 되었던 것들이 부정된 것입니다. 목표를 던져버린 적이 없고, 당신은 그로 인해 결정적인 순간에 삶을 어렵게 하는 책임을 스스로에게 부과한 적이 없습니다. 왜냐하면 자발적으로 스스로에게 맡겼던 과업 앞에서 당신은 무기력하다는 것을 알았기 때문입니다.

아니, 당신에 관하여, 섭리Governance, Styrelsen가 모든 책임을 자신에게 부과합니다. 당신에게 이것을 부정했던 것이 섭리입니다. 그때 당신이 해야 할 모든 것은 섭리를 돕는 것입니다. 당신을 도왔던 그 섭리를 돕는 것입니다. 역경이 형통이고, 진실로 당신에게 역경이 있습니다.

그리하여 역경이 형통입니다. 이것은 영원히 확실합니다. 사탄의 어떤 농간도 이것을 의심하게 할 수 없습니다. 당신은 이것을 잘 이해할 수 있습니다. 하지만 당신은 이것이 이렇다는 믿음을 가질 수 없습니다.

그러나 (먼저 하나님의 나라를 구하라는 성서의 본문이 당신에게 너무 강하다면, 조금 부드러운 음식을 제공하는 것[08]) 그때 영혼을 연주했던 역경과 어려운 고난이 거기에 없었다면, 인간에게 많은 기쁨을 주었던 시인,[09] 과연 그가 이 노래를 쓸 수 있었을 것이라 믿나요! 이 시는 확실히 역경 중에 있었습니다. "가장 깊은 우울이 마음에 자리 잡을 때, 기쁨의 하프가 연주됩니다."[10]

혹은 진리 안에서 다른 사람을 위로할 줄 알았던 자, 역경이 그에게 이 아름다운 예술의 기량을 높이는 데 도움을 주는 필수적인 형통이 되지 않았다면, 과연 그가 위로할 수 있었으리라 믿나요! 아마도 그는 시작에서 충분히 어렵다는 것을 알았을 것입니다. 다른 사람을 위한 위로를 생각할 수 있는 자원이 되도록 하기 위해 그의 영혼이 괴롭힘을 당해야 하는 것이 얼마나 잔인한지를 알았을 것입니다. 그러나 마침내 그는 깨달았습니다. 역경 없이 본래의 그가 된 적도 없고, 될 수도 없다는 것을. 역경이 형통이라는 믿음을 갖는 법을 배웠습니다.

역경이 형통이라는 믿음을 가지십시오.

따라서 당신에게 역경이 형통이라는 믿음이 생기기를 바랍니다. 이것을 이해하는 것은 쉽습니다. 하지만 믿는 것은 어렵습니다. 당신을 속여 믿기는 쉽고 이해하기는 어렵다고 생각하게 하는 무익한 지혜에 의해 기만당하지 마십시오. 그러나 역경이 형통임을 믿으십시오. 당신이 이것을 믿지 않는 한, 역경은 존재하고 역경으로 남습니다. 역경이 형통인 것이 영원히 확실하다는 것, 이것이 당신을 돕지 못합니다. 당신이 믿지 않는 한, 이것이 당신에게는 사실이 아닙니다.

보십시오, 아이와 같지 않은 어른은 쐐기풀에 대해 무엇을 해야 하는지 압니다. 즉, 쐐기풀을 잽싸게 잡으라는 것이죠. 그러면 상처입지 않을 것입니다. 하지만 아이에게는 이것이 가장 불합리한 것처럼 보입니다. 아이를 생각해 보십시오. 단지 쐐기풀을 만지기만 하면 쐐기풀은 상처를 입힙니다. 하지만 **단단히 붙잡는다면** 얼마나 더 상처를 입히겠습니까! 이것이 아이의 생각이기 때문입니다. 아이는 이 말을 듣습니다. 하지만 아이가 잡으려 할 때, 쉽게 용기가 나지 않습니다. 아이는 충분히 잽싸게 잡지 못하고 상처를 입습니다. 역경이 형통이라는 것, 이것도 마치 이와 같습니다. 당신이 믿음으로 굳게 결심하지 않는다면, 역경은 그저 역경일 뿐입니다.

따라서 역경이 형통이라고 믿으십시오. 이것은 확실합니다. 당신은 이것을 믿기 위해 기다리기만 하면 됩니다. 다른 사람들로 인해 믿음이 흔들리지 않게 하십시오.

"네게 있는 믿음을 하나님 앞에서 스스로 가지고 있으라."(롬 14:22)

부는 바람이 목적지로 안내할 것이라 선원 자신이 확신한다면, 다른 모든 사람들이 역풍이라 부를지라도, 무슨 상관인가요. 그는 그것을 순풍이라 부릅니다. 순풍은 목표로 안내하는 바람입니다. **형통이란 목표로 안내하는 모든 것입니다. 그리고 역경이 목표로 안내합니다. 따라서 역경이 형통입니다.**

이것이 기쁘다는 것을 발전시킬 필요는 없습니다. 역경이 형통이라는 것을 믿는 자, 그에게는 이 강화가 필요 없습니다. 이것이 기쁘다는 것을 그에게 설명할 필요도 없습니다. 이것을 믿지 못하는 자는 한 순간도 낭비하지 말고 믿음을 붙잡는 것이 더 중요합니다. 따라서 이에 대하여 말하는 것이 필요 없거나 단 한 마디 말만 필요합니다.

그때, 마치 전 세계를 사냥하는 것처럼 일반적으로 위로의 토대라 부를 수 있는 모든 것을 일깨우고 전부 모았다고 상상해 보십시오. 불행을 제거하기 위해 행운이 발견했던 모든 위로의 토대를 모은 것입니다. (저는 이것이 이런 것이라고 생각합니다.)

그때, 비교하면서 영원의 위로를 상상해 보십시오. 이 간결한 위로, 걱정concern이 이 위로를 발견한 것입니다. 걱정이 다른 사람을, 위로할 자가 걱정하는 자, 고난당하는 자, 행운이 없는 자였다는 것을 발견한 것처럼 말입니다. 이 간결한 위로, 역경이 형통입니다!

당신은 마땅히 있어야 할 그대로의 역경을 완전히 찾은

것입니다. 그렇지 않습니까. 어떤 의미에서 충고를 잘 받은 것입니다. 인간적인 토대를 갖고 있는 위로는 슬픈 자를 행복하게 하는 것이 아니고, 그에게 약간의 위로를 수행할 뿐입니다. 하지만 상당히 나쁘게 수행한 것입니다. 반면, 영원이 위로할 때, 기쁘게 합니다. 이 위로가 진실로 기쁨이요, 진정한 기쁨입니다.

이 위로가 인간적인 토대의 위로와 함께 합니다. 이미 수많은 주치의를 두고 있었던 아픈 자, 그는 시간에서 약간의 변화를 만들고 새로운 것에 대해 생각하는 새로운 자를 얻은 것처럼 말입니다. 하지만 이것은 다시 동일한 옛날이야기입니다. 아닙니다. 영원이 아픈 자를 찾아올 때, 그를 완전히 치료할 뿐 아니라, 그를 건강한 자보다 더 건강하게 합니다.

이 위로가 인간적인 토대의 위로와 함께 합니다. 의사가 목발이 필요한 사람을 위해 새롭고 더 편안한 종류의 목발을 발견한 것처럼 말입니다. 이것은 걸을 수 있도록 발을 건강하게 하고 무릎에 힘을 줍니다. 하지만 이것은 이전에는 의사가 할 수 없었던 것입니다. 하지만 영원이 찾아올 때, 목발은 버려집니다. 그때 그는 걸을 수 있습니다. 오, 아닙니다. 다른 의미에서, 우리는 그가 더 이상 걷지 않는다고

말해야 합니다. 그렇게 가볍게 그는 걷습니다. 영원이 걸을
수 있는 발을 제공하니까요.

　역경 중에 한 지점에서 움직이는 것이 불가능할 때, 고
난의 무기력 가운데 한 발짝도 움직일 수 없는 것처럼 보일
때, 그때 영원은 역경을 형통으로 바꿉니다.

　모든 역경 중에 단 하나의 위험이 존재합니다. 고난당하
는 자가 역경이 형통이라는 것을 믿기를 거부한다면. 이것
은 멸망입니다. 오직 죄만이 인간의 타락입니다.

참고자료

01 이 기쁨---
    세상이 우리를 더욱 반대할수록, 천국을 향해 순례하는 동안 우리가 덜
    지체된다는 것.

    이 기쁨---
    기독교적으로 이해할 때, 역경이 형통인 것.

    우리가 가야 하는 길을 걷는 동안 우리를 돕는 모든 것은 형통이다.
    그러나 이것은 정확히 역경이 하는 일이다. 따라서 역경은 형통이다.
    -JP II 2196 (Pap. VIII1 A 322) n.d., 1847

    Pap.VIII1 A 322의 여백에서:

    어부가 물고기를 많이 잡으려면, 물고기가 있는 곳으로 가야 한다.
    그러나 물고기가 물의 흐름과 반대방향으로 간다. 그때 그는 그
    측면으로 가야 한다. -JP II 2197 (Pap. VIII1 A 323) n.d., 1847

02 덴마크어를 보면 알겠지만, 이것은 일종의 언어유희이다.

03 고린도전서 9:26

    "그러므로 내가 달음질하기를 향방 없는 것같이 아니하고 싸우기를
    허공을 치는 것 같이 아니하여"

04 아마도 이 부분은 마태복음 3장 2절을 암시하고 있다. "회개하라.
    천국이 가까이 왔느니라."

05 원고에서 생략된 부분을 보면 다음과 같다.

. . . . 다시 말해, 당신이 역경이 목표(영원의 목표)로 안내한다는 진실을 믿는다면. 그러나 당신은 이것을 믿어야만 한다. 하지만 강화가 당신에게 믿음을 줄 수 없어도, 당신의 생각을 교정할 수 있도록 도울 수 있다. 당신은 아마도 지금까지 함께 따라왔다. 그러나 내가 다시 말한다. 이 강화는 무엇보다 형통과 역경이 무엇인지 보여주었다. 형통이란 사람을 목표로 안내하는 것도 보여주었다. 다음으로 목표란 영원의 목표요, 다른 어떤 목표도 거짓된 목표라는 것도 보여주었다. 역경(Modgang)이 당신을 영원의 목표로 안내할 때(곧, 목표로), 그때 그것은 진실로 형통(Medgang) 이다. -Pap. VIII2 B 100:7 n.d., 1847-48

06 마태복음 6:33, 예를 들어, 다음을 참고하라. The moment and Late Writings, KW XXIII (SV XIV 248-51).

07 갈라디아서 6:7, "스스로 속이지 말라. 하나님은 업신여김을 받지 아니하시나니, 사람이 무엇으로 심든지 그대로 거두리라."

08 고린도전서 3:1-3, "형제들아, 내가 신령한 자들을 대함과 같이 너희에게 말할 수 없어서 육신에 속한 자 곧 그리스도 안에서 어린 아이들을 대함과 같이 하노라. 내가 너희를 젖으로 먹이고 밥으로 아니 하였노니, 이는 너희가 감당하지 못하였음이거니와 지금도 못하리라. 너희는 아직도 육신에 속한 자로다. 너희 가운데 시기와 분쟁이 있으니, 어찌 육신에 속하여 사람을 따라 행함이 아니리요."

09 이 부분은 로마의 시인이었던 Ovid(43 B.C.-A.D. 17)를 말한다. 그는 몇 개의 시 모음집을 썼다. 이 시들 중에는 흑해의 외딴 지역에서 추방 중에 썼던 애가들을 포함하고 있다. 키르케고르는 이 작품들을 갖고 있었다. P. Ovidii Nasonis opera quae exstant, udg. af A. Richter, bd. 1-3, stereotyp udg., Leipzig 1828, ktl. 1265

10 이 부분은 H.A Brorson의 크리스마스 찬송가의 여섯 번째 연을 인용한 것이다.

해제

영원의 리트로넬로

1. 경구

키르케고르의 글을 읽는 독자는 책에 어떤 뜬금없는 이야기가 나올 때는 깊이 생각해야 할 필요가 있다. 도대체 왜 이 책에서 이런 이야기가 나오는지, 도대체 왜 이런 주장을 하는지 깊이 고민하지 않는다면 행간의 의미를 이해할 수 없다. 게다가, 역자로서 그의 글을 평가하자면, 키르케고르는 책을 엮을 때 처음부터 끝까지 치밀하게 전략적으로 기획했다고 생각한다.

따라서 역자는 이 글에서 독자가 발견하기 어려운 점 중에 하나를 소개하고자 한다. 이 책을 읽을 때, 그냥 넘어가지 말아야 하는 부분 중에 하나가 책 맨 앞에 있는 경구이다. 이 경구는 마치 어떤 암호처럼 쓴 것 같다. 책의 내용과는 아무 상관없는 경구인데 이 경구가 도대체 왜 등장한 것일까? 이 경구는 시편 49편 4절을 인용하고 있다.

"내가 비유에 내 귀를 기울이고

수금으로 나의 오묘한 말을 풀리로다."

혹시 지금까지 책을 읽으면서 서문이 없는 책을 본적이 있는가? 아마 거의 대부분의 책은 서문이 있고 서문을 읽고 본문을 보기 시작한다. 그러나 『고난의 기쁨』은 서문이 없다. 다시 말해, 위에 제시한 경구가 서문을 대체할 만큼 중요하다는 의미다. 이것은 역자의 생각을 말하려는 것이 아니다. 사실, 키르케고르는 이 작품을 쓸 때, 서문을 쓰기 위해 계획한 것처럼 보이나, 최종적으로는 서문을 생략하였다. 그의 일기를 보면 확인할 수 있을 것이다.

> 『고난의 싸움 중에 있는 마음의 상태Stemniger』에는 서문을 쓰지 않았다. 서문을 써야 한다면, 다음에 나오는 특징이 있어야 한다. 고대의 나라 중에서 가장 용감한 자(라케다모니아인)는 전쟁에 나갈 때 음악을 준비했다. 이와 동일하게 이 강화는 음stemme을 조율하는 의기양양한 기쁜 마음의 상태다. 싸움 중에 있는 자를 좌절시키기는커녕, 그는 이 강화로 인해 명확히 조율될velstemt 것이다.(JP, 2:2201)

따라서 경구를 그냥 넘어가서는 안 되고, 책을 다 읽은 독자는 경구가 무엇을 말하려 하는 것인지 생각해보기를 권한다.

2. 음악

위의 일기에서 보면, 서문에는 반드시 음악적 요소가 포함되어야 한다는 것이다. 고대 전쟁사에서 보면, 전쟁에 나갈 때 가장 용맹한 자가 음악을 사용했듯 이 강화 역시 그런 의기양양한 기쁜 마음의 상태라는 것이다. 따라서 역자는 뜬금없어 보이는 경구인 시편 49편 4절의 말씀은 일기에서 나온 관점을 갖고 해석해야 한다고 본다.

또 하나, 이런 음악적인 요소는 이미 『이방인의 염려』의 일곱 번째 강화에도 등장한다. 이런 점에서 『이방인의 염려』의 일곱 번째 강화인 '두 마음을 품은 염려'는 고차원적인 찬양의 노래고, 고차원적인 천상의 음악으로 순종을 말하고 있다. 또한 이 강화는 『고난의 기쁨』을 소개하기 위한 실마리, 혹은 복선과 같은 역할을 수행한다. 천상의 음악의 선포로 시작하여, 천상의 음악이 울려 퍼지는 강화가 『고난의 기쁨』인 것이다.

그렇다면 『고난의 기쁨』에 도대체 어떤 점에서 음악적인 요소가 포함되어 있는가? 일단 형식적 측면에서 살펴보

자.

『고난의 기쁨』의 덴마크어 원 제목은 "Stemninger i Lidelsers Strid"이다. 영역본에서 하워드 홍은 Stemniger를 '마음의 상태States of Mind'로 번역했고, 월터 라우리는 '기쁜 악보Joyful Notes'로 번역했다. 역자는 어떤 번역도 수용가능하다고 생각한다. 하지만 이미 살펴본 키르케고르의 일기에 보면 라우리의 번역이 더 선호되는 것처럼 보인다.

이 단어는 음악에서 파생된 것들이다. stemme은 '목소리,' 특별히 '노래하는 목소리'를 의미한다. 이 단어는 사용하지 않기로 했던 서문의 처음에 '말장난'처럼 보이는 곳부터 시작하고 있다. 위의 일기를 참고하라. 덴마크어로 큰 소리로 읽어보면, "stemme. . . forstemme. . . . velstemt,"처럼 음악적인 운율을 가지고 있다는 것을 알 수 있다.

이 강화의 제목에 등장하는 구조 역시 이와 같은 운율을 갖고 있다. 7개의 각 강화의 제목이 '기쁨'이라는 제목과 함께 부제가 붙어 있는 형식인데, 역자는 이것을 '한 번 고난 당하지만 영원히 승리하는 기쁨', '환난이 소망을 빼앗는 것이 아니라 소망을 구해오는 기쁨', '가난할수록 다른 사람을 더 부하게 할 수 있는 기쁨', '약할수록 당신 안에 하나님은 더 강하다는 기쁨', '시간에서 상실한 것을 영원히 얻는 기쁨', '모든 것을 얻을 때, 나는 아무 것도 잃지 않는 기쁨', '역경이 형통인 기쁨'으로 옮겼다.

위의 일기의 서문과 관련하여, 라우리는 "이 서문이 사용되지 않는 것은 다행스러운 일이다. 왜냐하면 이 서문은 약간의 말장난이 들어있기 때문이다. 하지만 이것은 우리가 어떻게 이 제목을 이해하고 번역해야 할지 도움을 준다."라고 썼다.

이 강화는 각 강화마다 '기쁨'이 반복된다. 하지만 키르케고르는 기쁨이 정확히 무엇인지 말하기를 거부한다. 다만, 고난의 싸움 중에 발견되어야만 하는 것으로 규정한다. 바로 여기에 어떤 기쁨이 함의된 본문이 조율된다. 신중하게 읽는 독자라면, 이 작품에 음악적 후렴구가 등장한다는 것을 눈치 챌 수 있을 것이다. 다시 말해, 이 음악적 후렴구가 기쁨의 길을 나타내고 있다. 이것은 일종의 리트로넬로이다. 리트로넬로는 음악이 연주될 때 어떤 악주가 반복되면서 연주되는 것을 말한다. 반복되기는 하지만 변주되어 반복된다. '차이'나는 '반복', 이것이 리트로넬로다.

제 1강화에서, "뒤집는 것, 이것은 얼마나 놀라운가!hvor det vender sig om"로 나타난다.(69쪽) 또한 "당신에게 과업은 반전omvendte"이라는 말로 표현된다.(67쪽) 제 2강화에서, "압력은 계속되지만 끊임없이 역으로^{omvendte} 자신이 소망이 있었다는 것을 알린다."(98쪽) 또한 "반전^{omvendte}"이라는 말로 표현된다.(90쪽) 제 3강화에서, "그는 같은 길을 걷고 있다. 그러나 반대 방향^{omvendte}으로 걷는다."로(108쪽), 제 4강화에서, "그 관계는 다른 의미에서, 진리의 의미에서, 역전된다^{omvendte}."로(151쪽), 제 5강화에서, "어려움은 정반대^{omvendte}다."(170쪽)로, 제 6강화에서, "이것은 반전의 비교이기 때문이다. 여기에서 모든 것은 뒤집힌다."(200쪽)로 표현된다.

각 강화는 마치 음악의 후렴구처럼 '반전', '역전', '회심', '회개', '뒤집기', '정반대' 등과 같은 언어가 사용되고 있고, 이 부분이 기쁨의 길을 찾을 수 있는 핵심 열쇠다. 하지만 제 1강화부터 제 6강화까지는 제 7강화가 말하고 있는 리트로넬로만큼 발전시키지 못했다. 제 7강화의 제목은 "역경이 형통인 기쁨"이다. 이것을 덴마크어 그대로 옮긴다면, "Det Glædelige I: At Modgang Er Medgang"이다. 사실 번역은 이 단어의 의미를 담을 수 없다. 왜냐하면 역경^{Modgang}과 형통^{Medgang}이란 말은 덴마크어로는 모음 하나의 차이일 뿐 아니라 음악적인 운율을 포함하고 있기 때문이다. 번역은 이와 같은 뉘앙스를 그대로 옮길 수가 없다. 그래서 라우리는 이 뉘앙스를 살리기 위해 영어로

"Misfortune Is Good Fortune"으로 옮긴 것이다. 그는 이 단어의 언어적인 유희를 살려 번역하려 했던 흔적을 볼 수 있다.

이 말을 조금 더 복잡하게 번역한다면, 그의 일기에서 제안한 대로 "세상이 당신에게 거스릴수록, 천국으로 가는 우리의 순례길이 덜 지연되는 기쁨"(JP, 2:2196)으로 번역하면 된다. 하지만 어떤 것으로 번역한다 해도, 덴마크어의 "At Modgang Er Medgang"의 뉘앙스를 담을 수 없다. 이 말에는 한 모음의 차이에 불과하지만, 무한한 차이가 존재한다. 단 하나의 모음의 차이가 정반대의 무한한 차이를 말하고 있다. 역자는 이것이 진정 키르케고르가 전달하려고 하는 리트로넬로라고 생각한다. 단 하나의 모음의 차이가 무한한 차이를 만들 듯, 그는 독자로 하여금 가장 빠른 '반전'으로 초대하고 있다. 이 반전 혹은 역전은 모음의 변화만큼 빠르다. 한 측면에서 보면, 이 반전은 눈곱만큼 작다. 그렇다면, 키르케고르는 도대체 말장난으로 하려는 것인가? 그래서 이 강화는 처음부터 이런 생각에 대한 명확한 출발점을 제시하려는 것처럼 보인다.

역경이 형통이다. 그러나 나는 누군가 말하는 것을 듣는다. 이것은 농담일 뿐이다. 이해하기도 쉽다. 왜냐하

면 뒤집은 모든 것을 보기만 한다면, 이것은 맞는 말이
니까. 직접적인 의미에서 역경은 역경이다. 뒤집은 역경
이 형통이다. 이런 진술이 농담일 뿐이다. 그냥 추측하
는 수수께끼 같다. 혹은 만물박사가 "어떤 것도 이보다
더 쉬울 수는 없어. 다리 대신 머리로 걷는 것이 습관이
된다면 이야"라고 말하는 것과 같다.(『고난의 기쁨』, 217쪽)

생각으로 뒤집는 것이야 너무 쉽다. '여기'가 '저기'이고,
'오른쪽'이 '왼쪽'이고, '위'가 '아래'고, '이것'이 '저것'이고, '북
쪽'이 '남쪽'이라고 말하는 것, 생각으로 이렇게 뒤집는 것은
아무 것도 아니다. 이것은 말장난에 불과하다. 하지만 실제
고난의 싸움 중에서, 실제 역경 중에 있는 자가 이것을 뒤집
는 것이 쉬울까? 고난당하는 중에 있는 누가 과연 이런 뒤
집는 생각을 할 수 있을까? 이것은 한 마디로 불가능한 전
환이다. 특별히 '영원'이 요구하는 뒤집기, 반전, 역전은 불
가능할 것 같다. 그래서 키르케고르는 영원의 소리를 이용
하여 다음과 같이 설명한다.

"이것은 과업이다. 왜냐하면 뒤집힌 모든 것을 보는
것, 이것은 나의, 영원의 과업이요, 인생의 관점이기 때
문이다. 너는 뒤집힌 모든 것을 보는 데에 익숙해져야

한다. 너, 고난당하는 자여, 진지하게 위로를 받기 원한다면, 기쁨의 승리를 할 수 있도록 위로를 받고 싶다면, 그때 너도 뒤집힌 것을 볼 줄 알아야 한다."

진정 이 강화를 통해 기쁨을 찾고 싶은가? 그렇다면, 각 강화마다 음악처럼 반복되고 있는 '반전, 역전, 뒤집기, 회개'를 실천하라. 머리가 아니라 행동으로. 이것이 기쁨을 찾기 위한 영원의 요구조건이다. 이것이 영원의 진지함이다. 이것이 고난당하는 자를 향한 영원의 위로요, 영원이 규정하고 있는 법이다. 이것이 영원이 모든 약속을 지키기 위해 만들어놓은 조건이다. 뒤집으라! 이때, 세상을 향한 천상의 음악이 연주되기 시작한다. 이 천상의 음악은 믿는 자들에 의해 반복적으로 울려 퍼지는 리트로넬로다.

3. 영적 전쟁

이 강화는 기독교적인 용어로 옮기자면, 영적 전쟁을 말하고 있다. 고난의 싸움이란 영적 전쟁이다. 키르케고르는 이미 『이방인의 염려』의 제 6강화에서 이 세상에서 가장 끔찍한 전쟁이 일어나는 곳은 인간의 내면에서 일어나는 전쟁으로 '시간과 영원'과의 전쟁으로 규정하고 있다. 게다가, 내일은 영원을 닮은 '시간'이다. 이 지상에서의 어떤 싸움도 시간과 영원의 전쟁만큼 치열하지 못했다.

지구상에 역사적으로 끊임없이 지속되었던 전쟁이 있었다. 우리는 가끔 이런 전쟁의 역사 속에서 음악을 사용하는 경우를 본다. 전투 중에 북을 치거나 나팔을 분다. 아마도 싸움 중에 더욱 용기를 북돋기 위해 사용되는 음악이다. 하지만 끔찍하게 전개되었던 어떤 전쟁도 시간 속에서 전개되었던 '시간의 전쟁'이다. 이 땅의 것을 얻기 위한 전쟁이고, 언젠가는 다 사라지고 마는 것들을 얻기 위한 전쟁이었다.

하지만 영적 전쟁은 이와 차원을 달리한다. 첫째, 키르케고르에게 영적 전쟁은 시간과 영원의 전쟁이라는 점에서 역사 속에서의 전쟁과 다르다. 이때 시간은 영원을 닮으려 한다. 시간이 쌓이면 마치 영원이 될 것처럼 보인다. 시간의 양적 축적이 영원인 것 같다. 하지만 시간을 아무리 합한다 해도 영원이 될 수는 없다.

둘째, 영적 전쟁은 '내일'과의 전쟁이다. 『이방인의 염려』 제 6강화는 이와 관련하여 중요한 가이드라인을 제공한다. '오늘'과 '내일'은 덴마크어 'Modgang(역경)'과

'Medgang(형통)'이 단 하나의 모음의 차인 것처럼 단 하루의 차이에 불과하다. 그러나 이 차이는 시간과 영원의 차이만큼 분명하다. 시간에서 영원으로의 이동은 너무나 멀고 험한 길인 것처럼 보인다. 마치 무한한 거리가 놓여 있어 시간을 살아가는 사람에게 영원에 이르는 길은 도달 불가능한 거리인 것 같다. 하지만 이것은 착각이다.

키르케고르에게, 시간에서 영원으로의 이동은 '순간'이다. 따라서 그에게 정신은 자유와 필연의 종합, 유한과 무한의 종합인 것처럼, 순간은 시간과 영원의 종합이다. 시간과 영원을 종합하기 위해 순간이 필요하고, 우리는 이 순간을 살아내야 한다. 바로 이 순간을 살아내는 것, 이것이 영적 전쟁이고, 내일과의 전쟁이다.

'내일'은 문학적인 표현일 뿐이고, 조금 더 정확하게 말하자면, 미래의 불확실성과의 전쟁이다. 시간성을 인식하고 있는 사람은 시간에서 자유로울 수 없다. 인간은 시간의 지배를 받고 있다. 그렇기 때문에 시간의 지배에서 벗어나고자 한다. 어떤 기술이나 통계기법을 통해 미래의 불확실성을 제거하고 싶어 한다. 혹은 예언이나 점성술의 발달로 나타난다. 점성술의 발달은 고대에 동서양을 막론하고 등장하는 리트로넬로다.

역자는 이런 리트로넬로를 확인할 수 있는 대표적인 기술이 4차 산업혁명을 이끌어가고 있는 인공지능기술이라고 생각한다. 인공지능 역시 통계적인 기반으로 미래를 예측하고자 하는 대표적인 기술이다. 블록체인 역시 마찬가지이다. 미래의 불확실성, 예측불가능성을 제거하고 어떤 확실한 기반을 만들기 위해 고안된 기술들이다.

따라서 '내일'은 우리에게 과거로부터 현재까지 반복되었던 후렴이었다. 이 역시 키르케고르가 말하고 있는 리트로넬로다. '영원의 리트로넬로'가 아닌 '내일의 리트로넬로'다. 그래서 『이방인의 염려』 제 6강화에서는 다음과 같이 말한다.

'내일'은 하루를 살아가는 그들의 모든 이야기에 동반되고 있는 후렴구이다. 왜냐하면 이 구절은 언제나 이 '내일'을 언급하는 것으로 끝나기 때문이다. 이방인들이 말하듯이, 그들에게는 내일이 없기 때문에 오늘을 완전하게 살고 싶은 삶에 대한 절망적인 욕망에 대해 말하는 것은 맞다. 그러나 이것은 착각이다. 왜냐하면 이것은 오늘을, 바로 이 하루를 사는 방식이 아니니까. 적어도 그렇게 완전하게 사는 방식이 아니니까.(『이방인의 염려』, 232쪽)

이 부분은 고린도전서 15장 32절을 언급한 것으로, 이 방인은 "내일 죽을 터이니 오늘 먹고 마시자"라고 말한다는 것이다. 이런 이방인은 마치 '내일'의 후렴구를 제거하고 내일이 없는 것처럼 사는 것 같다. 하지만 믿는 자가 내일과의 전쟁에서 승리한 것처럼, 내일을 제거한 것처럼 사는 것이 아닌, 절망적인 삶이라는 것이다. 왜냐하면 그들에게는 영원eternity이 없기 때문이다.

셋째, 영적 전쟁의 본질은 인간 내면의 전쟁이라는 점이다. 시간성을 인식하지 못하는 동물은 이와 같은 전쟁이 불가능하다. 하지만 시간성을 인식한다는 것, 미래의 불확실성에 대해 불안해하는 것은 인간만의 독특한 특징으로 역사상 어떤 전쟁도 인간의 내면의 세계만큼 끔찍한 전쟁이 벌어진 적이 없다. 이 전쟁은 영원을 획득하느냐 못하느냐를 결정하는 중대한 전쟁이다.

따라서 영적 전쟁은 세계를 정복하기보다 자기를 정복하는 데에 더 관심이 많다. 자기의 마음을 정복하는 것이 성을 빼앗는 것보다 낫다.(잠 16:32) 이 전쟁에서 승리하려면 먼저 '내일'을 제거하는 일로부터 시작해야 한다. 결국 이것은 미래의 불확실성과의 전쟁이요, 내일과의 전쟁이다.

4. 영원의 리트로넬로

믿는 자는 내일의 리트로넬로가 아닌, 영원의 리트로넬로가 울려 퍼지게 해야 한다. 키르케고르가 쓴 일기를 통해 영원의 리트로넬로를 생각해보자.

1838년 5월 19일 오전 10시 30분. 사도가 어떤 분명한 이유도 없이 "주 안에서 항상 기뻐하라. 내가 다시 말하노니 기뻐하라"(빌4:4)라고 외쳤던 것만큼 설명 불가능하게 우리 속에 들어와 빛을 밝히는 형용할 수 없는 기쁨이 존재한다. 이 기쁨은 이런 저런 기쁨이 아닌, '마음 심연에서 나오는, 입과 혀를 가진' 영혼의 충만한 외침이다. "나는 기쁨으로 즐거워한다. 나의 기쁨으로, 기쁨을 통해, 기쁨 가운데, 기쁨에 의해." 말하자면, 갑자기 우리의 다른 노래를 방해하는 어떤 천상의 후렴이다. 산들바람처럼 시원하게 하고, 상쾌하게 하는 기쁨, 맘므레 평원을 가로질러 영원한 처소로 불어오는 무역풍에서의 미풍이다.(JP, 5:5324)

키르케고르는 일기를 쓰면서 시간까지 명시한 곳은 없다. 하지만 이 일기는 시간까지 분명하게 명시할 만큼 그에게 어떤 전환점이 된 것처럼 보인다. 대다수의 키르케고르의 해석자들은 이 일기를 중요하게 여긴다. 이 일기의 핵심 구절을 보면, "이 기쁨은 우리의 다른 노래를 방해하는 어떤 천상의 후렴"이라고 말한다. 우리는 일기에서 말한 다른 노래가 무엇인지 명확히 알 수 없다. 하지만 역자는 그의 강화를 통해 추론해 볼 때, 다른 노래란 '내일의 리트로넬로'라고 확신한다. 다시 말해, 이방인은 미래의 불확실성으로 인해, 언제나 내일에 사로잡혀 있다. 따라서 '내일'은 그들의 정신을 사로잡고 있는 '후렴구'이다. 천상의 후렴과는 근본적으로 다른 후렴구, 영원을 닮은 후렴구, 이 미래의 불확실성에서 인간의 기술이 탄생한다.

내일의 리트로넬로는 미래의 불확실성이 만들어낸 리트로넬로이고, 인간이 만든 기술의 기저에는 인간의 정신이 사로잡힌 내일이 존재한다. 따라서 내일은 인간의 마음속에 제거할 수 없는 하나의 노래다. 인류의 역사 속에서 언제나 등장했던 차이 나는 반복이었다. 고대 역사에서는 점성술이 하나의 예이고, 현재는 인공지능기술이 하나의 예다.

『고난의 기쁨』 제 5강화에 보면, "손 안에 있는 한 마리의 새는 지붕 위의 열 마리의 새보다 낫다." 손 안에 있는 한 마리의 새는 '확실성'을 의미하기도 하고 시간적인 모든 것을 의미한다. 반면, 지붕 위의 열 마리의 새는 '불확실성'을 의미한다. 일반적으로 사람들은 미래는 불확실하다고 말한다. 영원을 말하는 것, 이것은 더욱 불확실하다는 것이다. 그러나 이 강화에서 보면 다음과 같이 말한다.

> 그럼에도 불구하고 영원^{eternity}이 확실하다는 것, 이것을 발견할 만한 기회를 즉각적으로 얻지 못한다면, 시간적인 것이 불확실하다는 경험을 할 만한 기회를 곧 갖게 될 것입니다. 따라서 누군가 손 안에 있는 시간적인 것을 잡고 있으면서, "나는 확실한 것을 붙들고 있습니다." 라고 말하는 것만큼 바보같은 말도 없습니다.(『고난의 기쁨』, 160쪽)

이미 이야기한 것처럼, 전체 7개의 강화는 어떤 반전, 역전, 회개 등을 말하고 있고, 이것이 **기쁨을 발견하기 위한 핵심 열쇠**였다. 이것은 또한 차이 나는 반복을 만들고 있는 리트로넬로였다. 다른 말로 표현하자면, 천상의 노래가 울려 퍼지게 하는 핵심 열쇠이기도 하다. 이때 우리가 해야 할 과업은 무엇인가? **반전이고 전복이다.**

영원한 것은 우리에게 지붕 위의 열 마리의 새처럼 불확실해 보인다. 하지만 시간적인 것은 우리에게 바로 행복을 가져다 줄 수 있는 것 같이 확실해 보인다. 이것을 뒤집어엎는 것, 이것이 우리의 과업이다. 따라서 시간적인 모든 것을 불확실한 것으로, 반면 영원한 것을 더욱 확실하게 만들어야 하는 것이 우리의 과업이다.

어려움은 영원을 이렇게 가깝게 놓는 것에 있다. 시간과 영원은 무한한 거리가 있는 것처럼 보인다. 영원이 가깝기는커녕, 시간 안에 살아가는 인간에게 영원은 영원히 도달할 수 없는 거리 같다. 하지만 어떻게 영원을 가까이 놓는가? 그것은 시간은 시간적인 것만을 빼앗아갈 뿐이고, 영원한 것은 영원히 얻는다는 것을 믿는 것이고, 시간과 영원의 종합인 인간이 시간 속에서 영원을 위해 사는 것이다.

그때, 시간과 영원이 무한한 거리인 것처럼 보이지만, 일종의 '순간 이동'을 경험한다. 순간 속에서 영원을 얻는다. 또한 이것은 어떤 형용할 수 없는 기쁨을 맛보는 것이다. 키르케고르는 『권위 없이』에 실린 작품 중에 '기쁨'에서 십자가 상에 달린 죄수와 예수님의 대화를 인용한다. 십자가 상의 죄수 중 하나가 "당신의 나라에 임하실 때에 나를 생각하소서."라고 말할 때, 주님은 말씀하신다.

"내가 진실로 네게 이르노니 오늘 네가 나와 함께 낙

원에 있으리라."(눅 23:43)

키르케고르는 이 말씀을 인용하며, 십자가 상의 죄수는
이 말씀에 의해 죽기 전에 '오늘' 낙원에 이르렀다는 것이다.
즉, 시간과 영원에는 무한한 거리가 있는 것처럼 보이지만
이 죄수는 순간 이동을 했다는 것이다. **시간에서 영원으로
의 이동은 이렇게 빠르다.**

역자는 키르케고르가 말한 영원을 지상에서 실현하는
것, 이것이 하나님의 나라를 실현하는 것이라고 생각한다.
교회가 이 땅 위에서 하나님의 나라를 실현하는 것, 바로 이
것이 영원의 리트로넬로이고, 천상의 음악이 울려 퍼지게
하는 것이다.

5. 결론

키르케고르는 『그리스도교의 훈련』에서 예수 그리스도
의 초림과 재림 사이의 기간을 "중간기"라고 부른다. 현대
를 살아가는 우리는 이 중간기를 살아간다. 그렇다면 중간
기는 어떤 의미를 갖는 것일까? 예수 그리스도께서 십자가
로 승리했기 때문에 우리는 영적으로 승리한 것일까? 키르

케고르는 주님께서 승리했기 때문에 우리도 역시 영적으로 승리했다고 생각하는 것은 마치 친구가 고시에 합격했다고 해서 자신이 합격한 것처럼 즐거워하는 것과 같은 어리석은 행동이라고 비판한다.

그렇다면, 중간기는 어떤 의미를 갖는 것일까? 중간기는 테스트의 시기요, 시험을 쳐야 하는 시기이다. 주님께서 갔던 길을 그 제자가 동일하게 갔는지 시험을 받아야 하는 시기다. 따라서 이 시기를 한 마디로 정의하면 '영적 전쟁'이다. 『고난의 기쁨』은 바로 이런 영적 전쟁의 기간에 우리가 어떤 마음가짐을 가져야 하는지에 대한 강화다.

다시 경구로 돌아와 보자. 키르케고르는 "수금으로 오묘한 말"을 푼다. 오묘한 말은 일종의 수수께끼로 그가 풀려는 것은 고난의 비밀이다. 고난의 싸움 중에 어떻게 기뻐할 수 있는가이다. 이 비밀을 수금으로, 음악으로 풀려한다.

지상에 있는 모든 예술 중에 음악만큼 인간의 존재를 표현하는 것은 없다. 우리는 가끔 흥얼거리거나 콧노래를 부를 때가 있다. 이것은 그의 내면의 정신세계가 밖으로 표출되는 것으로 보아야 한다. 게다가, 보통 직장에서나 어떤 집단에서 콧노래를 부르는 사람은 조직의 리더일 가능성이 있다. 말단 신입사원이 콧노래를 불렀다가는 직장에서 쫓겨

날 수도 있다. 아무 것도 아닌 것 같지만, 이런 음악은 들뢰즈의 『천개의 고원』에 나오는 리트로넬로를 생각나게 한다.

또한, 음악은 선전선동을 할 때도 좋은 도구다. 누군가 정신적으로 무장할 때 그림을 그리거나 시를 쓰지 않는다. 정신적으로 무장할 때, 가장 효과적인 도구는 역시 음악이다. 역자는 내면에서 흘러나오는 음악이 그 사람의 존재라고 생각한다. 이 글을 읽고 있는 독자는 내일의 염려에 시달리며 염려로 가득 찬 음악이 흘러나오는가, 영원의 생각이 가득 찬 음악이 내면으로부터 흘러나오는가?

영원의 생각이 가득 찬 음악이 흘러나올 때, 이것을 가장 고차원적인 음악으로, 지상에서 단 한 번도 울려 퍼지지 않는 음악으로 울려 퍼지게 하는 것이 순종이다. 순종은 가장 적극적으로 하나님의 뜻이 이 땅에 실현되게 하는 하나님 나라의 운동이요, 가장 고차원적인 천상의 노래다. 우리의 삶이 하나님의 뜻을 표현하게 하라. 천상의 음악으로. 그때 형용할 수 없는 기쁨이 그 순간에 함께 할 것이다.

시간과 영원은 먼 거리에 있는 것이 아니다. 영원은 믿는 자가 하나님의 뜻이 이 땅 위에 실현될 수 있도록 발걸음을 옮길 때마다 함께 한다. 아무도 예배하지 않는 곳에서 바로 이 사람을 통해 천상의 음악이 울려퍼진다. 내일의 후렴이 반복되는 곳에서, 영원의 후렴이 울려퍼진다.

　　독자들이 발걸음을 옮기는 곳마다, 영적 전쟁에서 흔적을 남기는 곳마다, 천상의 음악이 울려퍼지기를 축복한다.